JN113745

英国の諸相
ーイギリスの政治・経済・社会ー

平岡祥孝・宮地晃輔・南島和久 ［編著］
棚橋伸男 ［編集協力］

創 成 社

編者のことば

　かつて，英国は世界的な影響力をもつ大国であった。日本への影響でいえば，議院内閣制，4月開始の会計年度，自動車の左側通行などがよく知られているだろう。英国の影響は昔話にとどまらない。衰退国家となったとはいえ，英国にはいまだに世界的な影響力を持つ重要な国である。

　本書が英国を取り扱う理由としては，以下の3点を挙げることができる。

　第1に，現在の英国の変化が激しいということである。とくにブレグジットによる政治・行政・経済・産業の変化はめまぐるしい。周知のとおりブレグジットとは，'British' と 'exit' を組み合わせた，英国のEU離脱政策のことである。第1章ではブレグジットが議論されている。ブレグジットの影響が今後どのようになっていくのかは依然として予断を許さないが，この動向が一応の決着をみた現在時点での英国のスナップショットとして本書を刊行しておくことは意義があると思われる。

　第2に，日本の国内制度の多くが英国の制度をモデルとしているということである。例えば，第3章で取り上げられている英国のベヴァリッジ報告に象徴されるナショナル・ミニマムや「ゆりかごから墓場まで」と呼ばれた福祉国家路線は，憲法第25条やそれに続く日本の社会保障政策のあり方に影響を与えてきた。また，1980年代以降の英国の行政改革では，民営化，規制緩和，金融ビッグバン，独立行政法人制度（英国では執行エージェンシー制度），市場化テスト（英国では強制競争入札制度），および第2章でも取り上げているPFI（Private Finance Initiative）が導入されてきた。これらはサッチャリズム以降の英国の行政改革の影響下にあったものである。

　第3に，英国と日本には多くの共通点があるということである。そもそも両国はともに王室をもつ立憲君主国であり，周囲を海洋に囲まれた島国である。周囲に大国があるという点も類似性として指摘される。第4章以降のではイギリスの貿易と外交が語られているが，そこでは随所においてこれからの日本が

直面する課題が描き出されている。

　ところで，これらのうち今日的に重要な意味をもつのは，やはりブレグジットであろう。ブレグジットの契機となったのは，2016 年 6 月 13 日の国民投票であった。国民投票の結果は僅差で離脱派の勝利となったが，EU 離脱と EU 残留をめぐり，世界中を巻き込んだ激しい論争が巻き起こった。

　振り返れば，EC への加盟はエドワード・ヒース保守党政権下の 1975 年に成し遂げられたものであった。これに対し労働党内では反対が論じられていた。1979 年にはマーガレット・サッチャー保守党政権が成立したが，サッチャー自身は欧州統合に懐疑的であり，統一通貨ユーロの導入にも慎重な姿勢を見せていた。ソ連ブロックの崩壊後にはマーストリヒト条約が発効，EU が成立する運びとなるが，以降英国では EU 懐疑論が保守党にも広がり，2010 年代には反 EU 政策が支持を集めたりもしていた。

　政治的にいえば，反 EU 的な国民的認識の拡大がブレグジットを生み出したともいる。その後，英国政治は混乱にまみれた。短い期間にデイビッド・キャメロン，テリーザ・メイ，ボリス・ジョンソンと保守党内部での激しい入れ替わりが起きた。歴史に‘if’は禁物であるが，2016 年の国民投票がなければここまで英国が混乱することもなかっただろう。

　だが，問題はむしろここからである。EU 残留の主張は経済合理性の観点から論じられることが多かった。その後の実務的な交渉プロセスにおいても経済的なマイナスインパクトの極小化が目指された。主権国家としての自律性と経済的合理性のせめぎあいがそこにあった。2020 年 12 月 31 日，ようやく英国は EU からの離脱を完了した。この日は世界史に刻まれる。とはいえ，その道のりはまだ緒についたばかりである。およそ半世紀もの長きにわたってたどってきた EU 統合の道のりは，さらに半世紀の時間をかけなければ振り返ることすらできないようにも思われる。

　英国は今日でもなお日本のみならず世界中のモデルであり続けている。そして，ブレグジットを契機として英国は大きく変わろうとしている。政治的にも経済的にも社会的にも，である。今日，その変化にはさらなる加速が加わっている。ウクライナ問題に端を発し，再び欧州は激動の時代を迎えようとしてい

る。英国では，史上3人目の女性首相が誕生し，新国王も即位した。このタイミングで本書を刊行することができたことは幸運以外の何物でもない。

　本書は『英国の諸相』という書名が示すとおり，英国に関連する政治・行政・経済・産業・文化の視点から多面的に論じた論文集である。本書の章立ての順序は，政治，行政，経済，産業，文化となっているが，各論文は独立しており，読者の興味のある章から読み進めいただければ幸いである。

　本書は，札幌大谷大学社会学部教授である平岡祥孝先生の退職記念出版として企画された。著者一同，平岡祥孝先生が2022年3月31日に札幌大谷大学での教育・研究活動を無事に終えられたことをお祝いするとともに，今後ますますのご活躍とご健康を祈念してやまない。また著者一同，平岡祥孝先生の教育・研究活動をこれまで支えてこられたご家族のご多幸をご祈念申し上げる。

　平岡祥孝先生は2022年4月1日付で稚内大谷高等学校校長に就任され，文理専攻と地域探究専攻の両専攻の責任者として高校現場での活動を開始されている。稚内大谷高等学校は日本最北端に位置する真宗大谷派宗門立の私立学校である。平岡祥孝先生は高大連携事業における高校への出張講義で高い評価を受けておられたが，その手腕を今度は高校現場で発揮されることになった。大学現場で豊富な実績をもつ平岡祥孝先生が，今後は高校現場で活躍されようとしている。日本でも例の少ない平岡祥孝先生の挑戦に著者一同，心から応援申し上げる次第である。

　本書の出版にあたっては，創成社社長である塚田尚寛氏，ならびに編集担当の西田徹氏に多大なるご配慮を頂いた。記して謝意を申し上げたい。また，一般社団法人未来教育サポート代表理事の棚橋伸男氏には献身的な編集協力を頂いた。記してここに衷心より謝意を申し上げる。

2022年10月吉日

編著者代表

宮地晃輔

南島和久

目　次

x ──○

《著者紹介》（五十音順）※は編著者

牛丸　元（うしまる・はじめ）担当：第9章
　　明治大学経営学部教授

久保田義弘（くぼた・よしひろ）担当：第11章
　　札幌学院大学名誉教授

小坂直人（こさか・なおと）担当：第6章
　　北海学園大学名誉教授

田島忠篤（たじま・ただあつ）担当：第12章
　　公益財団法人モラロジー道徳教育財団道徳科学研究所客員教授

中西良之（なかにし・よしゆき）担当：第10章
　　北海商科大学商学部教授

※**南島和久**（なじま・かずひさ）担当：第2章
　　龍谷大学政策学部教授

※**平岡祥孝**（ひらおか・よしたか）担当：第5章
　　稚内大谷高等学校校長

細谷雄一（ほそや・ゆういち）担当：第1章
　　慶応義塾大学法学部教授

※**宮地晃輔**（みやぢ・こうすけ）担当：第8章
　　長崎県立大学経営学部教授

森下宏美（もりした・ひろみ）担当：第3章
　　北海学園大学経済学部教授

山本　裕（やまもと・ゆたか）担当：第7章
　　長崎県立大学経営学部教授

豊　嘉哲（ゆたか・よしあき）担当：第4章
　　福岡大学商学部教授

————— 第 1 章 —————

ブレグジット後の英国政治
―連合王国は解体に向かうのか―

細谷雄一

　はたしてブレグジットは，英国をどのように変えたのであろうか。そしてこれから，どのように変えていくことになるのであろうか。2010 年代の英国における最大の政治的争点は，英国の EU との関係をめぐるものと述べてもよいであろう。それは，現代における英国という国家の構造，政治，経済，社会を大きく変質させている。英国国民は「ブレグジット」という英国の将来を左右する巨大な争点をめぐり，離脱派（leavers）と残留派（remainers）という 2 つの陣営に分かれて，激しいイデオロギー的な対立を繰り広げた。その両者の相互作用を理解することは現代の英国を理解する上で不可欠ともいえる。本章は，そのような観点から，ブレグジットの後の英国がどのように変容していったのかを，政治的および外交的な側面を中心として概観するものである。

1．ブレグジットと英国政治

▌問題の所在

　2016 年 6 月 23 日の英国国民投票の結果，投票者の 51.9％が EU 離脱を選択したことによって英国の EU 離脱が確定した。このときの英国の首相はデイヴィッド・キャメロンであり，EU 残留を主張してきたキャメロン首相は自らの敗北を受けて首相を辞任した。その後，保守党の党首選の後に，7 月 13 日にそれまで内相であったテリーザ・メイが首相となった。どのようにして，英国が EU との間で離脱協定，そしてその後の関係を規定する将来協定を合意するかは，メイ首相の政治手腕に係っていた。そしてメイ首相は，国民投票をめ

ぐって激しい対立を繰り広げた与党の保守党，英国議会，そして英国世論において，何らかのかたちでコンセンサスを形成していくことが求められていた。それはほとんど，不可能な任務でもあった。

メイ首相が 2017 年 3 月 19 日に EU 離脱を通告してから，2020 年 1 月 31 日午後 11 時に英国が EU を離脱するまでの約 3 年間，あるいは 2020 年 12 月 31 日午後 11 時に離脱のための移行期間が終了して英国が完全に EU を離脱するまでの約 4 年間，日本メディアを含めて，世界中のメディアがブレグジットをめぐる動向に注目した。ところが，実際に英国が EU からの完全離脱を実現したときには，すでに世界はコロナ禍に包まれており，英国をはじめ他の欧州諸国もそれへの対応が最優先課題となっていた。それゆえ，ブレグジット後の英国でどのような変化が見られているのかについては，コロナ禍の影響と混交することで，それを明確に論じることが難しくなっている。

同時にブレグジット後の英国と EU との関係，あるいは英国政治の変容について，それが注目されて報道される機会も減少している。そのような問題意識からも，ここではブレグジットに至る背景と，完全離脱後の英国政治の変容を中心に，ブレグジット後の英国について論じることにしたい。まずは，どのような背景で英国国民が EU 離脱の決断に至ったのかを，振り返ることにしよう。

▌ 国民投票

2016 年 6 月 24 日金曜日の午前 4 時 39 分，テレビの画面には，英国の著名なコメンテーターのデイヴィッド・ディンブルビーが登場して，英国国民が国民投票（レファレンダム）の結果として EU からの離脱を選択したと述べた (Evans and Menon, 2017)。その言葉は，世界に衝撃を与えた。国民投票直前の世論調査の多くでは，僅差で英国国民が残留を選択するであろうという結果を示唆していた。またその 2 年前のスコットランドの連合王国からの独立を問う住民投票（レファレンダム）を行った際には，やはり僅差でスコットランドの民衆は連合王国残留を選択した。

事前の世論調査と比較して，実際の国民投票ではおそらくは，英国の有権者

はより現実的な投票を行うであろうことが想定されていた。ところが結果として英国国民が EU 離脱を選択したというその衝撃は，それを受けて対ドルでのポンドの為替が 10％も下落したことに示されているように，巨大なものであった。その下落幅は，2008 年の金融危機の際よりも，また 1992 年の欧州為替メカニズムからの英ポンドの離脱の際よりも大きなものであった。1973 年に英国が当時の欧州共同体（EC）に加盟してから，とりわけ若い世代の英国国民にとっては，英国がそこに加盟していることが常態であった。また，市場統合の結果として英国経済は EU 経済に深く埋め込まれていき，英国の主要な企業もまた EU 内のサプライチェーンに組み込まれていった。2016 年の時点で，英国の対外貿易の約 5 割弱が，EU とのものであった。

　BBC の政治報道の司会者アンドリュー・マーはこのことを，「英国近代史における最大の民主的な叛乱」と表現した。というのも，このときの英国の首相，デイヴィッド・キャメロンとその閣僚の多くが，英国の EU 残留を目指してそれまで懸命なキャンペーンを行っていたからだ。英国の議院内閣制では，議会の多数派が立法権を掌握し，同時に内閣を組織して行政府を統治する。したがって，英国議会は「男性を女性にして，女性を男性にする以外は何でもできる」とさえ言われてきた。そのような強大な権力を有するキャメロン保守党政権は，国民投票という熱狂を前にして，あまりにも巨大な「叛乱」に直面したのである。

　すでに，6 月 23 日の国民投票の投票時間が終わり，EU 残留を確信しながら勝利宣言を書き上げた上で就寝したキャメロン首相は，その後，起床してから想定外の現実に直面し，どのようにこの困難に対応すればよいか分からなくなった。その結果，翌日にキャメロンは首相辞任の決断をした。その後任となったのは，キャメロン内閣の内相であり，また国民投票前には残留のキャンペーンを牽引した一人であったテリーザ・メイとなる。残留派であったメイ首相が離脱のための EU との交渉と，国民への説得を行ったことで，保守党内の離脱強硬派には不満が残っていた。英国保守党内の残留派と離脱強硬派の間のイデオロギー的な亀裂が，結果として英国政府が EU との間で離脱交渉を行う際の足枷となった。

■ ブレグジットの源流

　ブレグジットは，首相の交代や，英ポンドの下落という表面上の変化以上に，英国政治の構造を根本から大きく変容させるものでもあった。まず，それは，「EU の中の英国 (Britain in Europe)」という，英国の国家としての構造 (constitution) を根本から転換するものであった（細谷，2016：7-10）。1971 年 1 月 1 日に当時の欧州共同体（EC）に加盟した英国は，その後 EC が欧州連合（EU）へと発展して，多くの政策領域へと行動の範囲を拡大すると並行して，EU のなかに深く埋め込まれていった。英国の法体系，経済体制，サプライチェーン，政治過程，治安維持やテロ対策，環境政策など，多様な領域で英国の行動は，EU 加盟国のそれとして大幅に規定されるものであった。

　また，それは，英国の連合王国としての国家体制に大きく影響を与えることが想定されている。そのもっとも深刻な問題が，北アイルランド問題である。長年，カトリックとプロテスタントの間での抗争が激しいテロの温床となっていた北アイルランド和平については，1998 年 4 月 10 日英国とアイルランドの間で締結されたベルファスト合意が現在においては安定の基礎となっていた。そもそも，英国もアイルランドも EU 加盟国であって，そこでモノ，カネ，ヒト，サービスの自由移動が保証されている以上，北アイルランドの帰属をめぐり両国が対立する必然性は低下していた。英国は，人の自由移動を規定するいわゆるシェンゲン協定に加わっていなかったことで，他の EU 加盟国から英国に入国する際には国境管理が必要であった。とはいえ，EU 加盟が実質的に北アイルランド帰属問題の解決のための重要な前提になっていたことは，ブレグジットをめぐる国民投票の際に，多くの人が意識していなかったことであった。むしろ国民投票の後に，EU 離脱が北アイルランドの帰属問題に重要な影響を及ぼすことへの認識が広がり，それが重大な政治的な争点となったのである。この問題をめぐり，EU 離脱後の現在においても，英国と EU との間では摩擦と相互不信が拡大している。

　このようなかたちで，EU 加盟をめぐり英国政治が大きな混乱を示すようになる 1 つの転機は，1980 年代半ばから 1990 年代半ばの 10 年間にあった。

　第 1 に，1979 年 5 月から 1990 年 11 月まで首相を務めた保守党のマーガレッ

ト・サッチャーは，それまでの多くの前任者である首相たちとは異なり，ヨーロッパ統合をイデオロギー的に批判するようになっていた。それは，ヨーロッパ統合をめぐる，英国政治におけるイデオロギー対立の起源とでもいえるものである（細谷，2016：65-68）。

　第 2 に，1986 年 2 月に単一欧州議定書が調印されて，市場統合計画が確立するようになると，当時の欧州共同体の欧州委員会委員長であったジャック・ドロールは，より野心的な目標を掲げるようになる。そのドロールが 1988 年 7 月に欧州議会での演説で，「10 年後には，経済立法，そしておそらく財政や社会立法ですらも，その 80％までが欧州共同体起源のものになるだろう」と発言したことが，サッチャー首相の怒りを増長させた。中央集権的に権限を肥大化させるヨーロッパ統合を阻止することが，サッチャーの重要な政治的目標となる。そのような姿勢に共感するグループは，サッチャー首相が連邦化を進めるヨーロッパを批判する演説を行ったブルージュの地名にちなんで，「ブルージュ・グループ」と呼ばれるようになる。

　第 3 に，欧州連合を設立するためのマーストリヒト条約に反発した議員が 1992 年 2 月に新たに英国独立党（UKIP）を設立したことにより，それまでとは異なる新しい，シングル・イシューの政治集団である欧州懐疑派（Eurosceptics）が誕生する。その中心に位置していたのが，党首のナイジェル・ファラージであった。そのファラージは，「EU から脱退のキャンペーンを行う新しい政党の必要」を感じたという。その理由は，「EU が民主的な機関ではない」からだと論じていた（Farage, 2001：265）。

　このようにして，ヨーロッパ統合をめぐりイデオロギー対立の深化，ヨーロッパ統合の連邦主義化，英国政治における欧州懐疑派の浮上という要素が結びつくことが，2016 年 6 月の国民投票における英国国民の離脱の選択の源流となったのだ。

2．保守党の変容と EU 離脱

▌保守党の右傾化

　2019 年 7 月 24 日にテリーザ・メイを継いで首相となったボリス・ジョンソンは，国民投票に至る過程の中で EU 離脱を主張し，その議論を牽引した中心人物であった。また，メイ政権では当初，外相として入閣しながらも 2018 年7 月には EU との離脱交渉をめぐり見解の違いから，外相を辞任している。それ以後，より強硬な離脱，すなわち「ハード・ブレグジット」を主張する立場から，メイ政権の交渉姿勢への批判を続けてきた。

　このジョンソン政権において，保守党は大きく変容するようになった。というのも，1990 年 11 月にサッチャーが首相を辞任してからの保守党の首相は，ジョン・メージャー，デイヴィッド・キャメロン，テリーザ・メイといずれも保守党内の中道派あるいは中道左派に位置づけられる親欧州派ともいえる立場であったからだ。それが，ジョンソン政権においては明らかに，中道右派が中核となる内閣となっている。それだけではない。自らの EU 離脱に関する方針に異論を唱える保守党内の議員を総選挙で公認しない方針を示し，それまで外相と財務相を務めたフィリップ・ハモンドや，それまで数々の主要閣僚を務めてきたケネス・クラークなど，親欧州派的な立場を示してきた保守党の重鎮の議員が 2019 年 12 月の総選挙を前に下院議員として引退している。それまでの保守党を牽引してきた多くの親欧州派議員が保守党の下院議員としての議席を失い，また閣僚の多くが離脱強硬派であるジョンソン政権において，よりいっそう EU への敵対的な姿勢が強まっていった。

　その背景として，1992 年に誕生した UKIP の存在が見られる。1990 年代から 2000 年代にかけて，EU が権限を強化していくことと並行して，英国国内では欧州懐疑的（Eurosceptical）な世論が広がっていった。それとともに，英国政治において欧州懐疑派の中核にあった UKIP は支持を拡大していった。それはまた，英国政治におけるポピュリズムとナショナリズムの強まりと同時進行でもあった（Ford and Goodwin, 2014）。UKIP は，英国国内で急速に世論の

支持を拡大し，2009年の欧州議会選挙では17％の得票率を得て保守党に次ぐ第二党となり，保守党の地盤を侵食していった（若松，2013：49-92）。

　それとともに，英国保守党内の右傾化と，欧州懐疑的な方向への転回が進んでいった。たとえば，1992年から97年までの会期には保守党内では欧州懐疑派は全体の議員の58％を占めるに過ぎなかったのが，2001年から2005年までの会期では90％にまで拡大しており，保守党は欧州懐疑派，あるいはEU批判の政党へと大きく変貌していったことが分かる（Lynch, 2009：196）。

　実際に，野党であった時代の保守党党首であったウィリアム・ヘイグ，イアン・ダンカン・スミス，そしてマイケル・ハワードはいずれも欧州懐疑派に位置づけられており，2010年に首相となったキャメロンはもともと，内相であったハワードのもとで政治的な教育を経ていた。それゆえ，キャメロンが首相に就任した際には，連立政権のパートナーである親欧州的な政党である自由民主党と，欧州懐疑派の保守党内の多数派の勢力と，その双方を考慮に入れてバランスをとらなければならなかったのだ。

■ 党内の政治力学

　そのようななかで，はたして英国がEUといかなる関係を構築するかという困難な問題に直面した際に，保守党内の権力基盤が弱く，また保守党の下院の議席数で単独で過半数を獲得していなかったことからも，キャメロン首相は自らの指導力に依拠するのではなくて，国民投票の結果にその帰結を委ねることにした。いわば，自らの政治的な指導力の弱さから，キャメロン首相は2013年1月に国民投票を行う公約を行ったのである。必要性がないにもかかわらず，自らの政治基盤の弱さを世論の力で補完しようとしたキャメロンの責任は重い。そもそも，保守党内で中道左派に位置して，親欧州的な政治的立場にあったキャメロンが，党内で圧倒的な多数となっていた欧州懐疑派を統制することはけっして容易なことではなかった。このような，保守党内の政治力学が，2016年6月23日にキャメロン政権が国民投票を行う決断をするに至った大きな遠因であった。さらにその前提として，1990年にサッチャーが首相の座を降りてから四半世紀ほどの時間を経て，もともとは親欧州的な政党であっ

た保守党が，EU 批判の政党へと変貌したことが重要な政治状況の変化であった。

　この間に英国のメディアでしばしば指摘されたのが，デイヴィッド・キャメロンとボリス・ジョンソンという 2 人の政治家の関係と，その社会的なバックグラウンドについてであった。2 人とも，富裕層の家庭出身であり，イートン校，そしてオクスフォード大学という，英国で最高峰のエリート教育を受けている。それは，それ以前の保守党の首相であるサッチャーとメージャーが，むしろ中流より貧しい家庭の出身であることとの大きな違いである。いわば，強靱な信念や，多様な声に耳を傾ける柔軟性といった政治的な美徳よりも，むしろ限られた狭い階層のなかで育ってきたことによる庶民感覚の欠如が指摘され，批判されることが多い。

　他方で，キャメロンが保守党内で中道左派の，比較的にリベラルで，親欧州的な姿勢を示してきたのに対して，ジョンソンはポピュリストとして，大衆世論に迎合し，欧州懐疑派の勢力が拡大していた潮流に便乗するという機会主義的な政治姿勢が批判されることもある。プラグマティズムの様相が強いキャメロンに対して，ロンドン市長の時代からジョンソンはむしろポピュリストとして参照される機会が多かった。そういった意味では，同様の社会的なバックグラウンドと教育経歴を共有しながらも，その政治姿勢，さらには国民投票をめぐる政治的立場については，むしろ対立する位置に立っていた。言い換えれば，あえてジョンソンはそのような対立の構図を創ることで，キャメロンに代わって自らが後継の首相になるという政治的な野心を隠さなかったとも言える。英紙『フィナンシャル・タイムズ』の代表的な政治コラムニストのフィリップ・スティーブンスは，そのようなジョンソンの不誠実な政治姿勢を批判して，ジョンソは「首相官邸で，自らがキャメロン氏と入れ替わることを求めるという，異様な野心に突き動かされている」と批判した (Stephens, 2016)。

　このようにして，1990 年から 2016 年まで保守党は，UKIP 同様の欧州懐疑的で，EU 批判の政党へと大きく変貌した。またそれは，英国世論の変化を受けて，それに迎合した帰結でもあった。同時にまた，国民投票の結果は保守党内の亀裂をさらに激しいものとして，党内の多数派である欧州懐疑派が親欧州

的な議員を排除する契機ともなった。英国政治の変容と，英国のEU離脱は，相互作用を及ぼしながら歴史的に展開してきたのである。

3. ブレグジットと国家分裂の危機

▌コンスティチューション

ブレグジットによって英国の政党政治が変容しただけではない。それは，国家の構造それ自体にも，巨大な影響を及ぼしつつある。国家の構造を表す用語として，「コンスティチューション」という言葉がある。それは，日本語で言うところの「憲法」を超える，国家の構造それ自体を示す用語と言える。英国の場合にはそれは，イングランド，スコットランド，ウェールズ，北アイルランドという4つの王国であり，また現在ではエリザベス女王を君主とする，君主制であり，議会主権の国家としての政治体制でもある。それらを包摂する用語として，「コンスティチューション」という用語が存在する。そして，ブレグジットはこの英国の連合王国としての「コンスティチューション」に巨大な影響を及ぼしつつある。それゆえ，保守党の重鎮であるマイケル・ヘゼルタイン元副首相は，ブレグジットが連合王国の国家としての分裂に至ることを懸念して，「私の人生で知る限り，平時における最も巨大な国家分裂の危機」に直面していると語った（Elgot, 2016）。

2016年6月の国民投票以来，最もメディアや，英国議会の討議で争点となってきたコンスティチューション上の問題が，北アイルランド帰属問題である（鶴岡，2020）。それは，連合王国としての一体性をゆるがす巨大な問題である。それでは，北アイルランド帰属問題とは何であろうか。それは，英国帝国の歴史，アイルランド独立後の歴史，そしてヨーロッパ統合の歴史が複雑に絡み合う，きわめて複合的な問題である。

そもそもアイルランド島は，カトリック教徒が多数のアイルランド共和国と，プロテスタント教徒が多数派でありながらカトリック教徒との間で抗争が続いていた北アイルランドとに分断されていた。そして後者は，連合王国の一部を構成していた。それゆえ，アイルランド島において，英国はアイルランド

との間で，陸上の国境線を抱えていたのである。北アイルランドを統合してアイルランド島の統一を求める，アイルランド共和軍（IRA）が繰り返し武力闘争を行うことで多くの犠牲者を出していたところで，1998年には歴史的な北アイルランド和平が結ばれた。その前提として，英国とアイルランドの双方がEU加盟国であったために，いわばアイルランド共和国と北アイルランドとの間で自由な人や物の往来が可能となり，実質的に国境紛争が意味をなさなくなっていたのである。そして，北アイルランド国境において自由な往来を確保して，「ハード・ボーダー」を創らないことが，この1998年の北アイルランド和平の根幹となっていた（鶴岡，2020）。

■ 分裂する国家

　ところが，2016年の英国国民投票による英国のEUからの離脱は，そのような北アイルランド和平の根幹を破壊することになる。アイルランドがそのままEU加盟国であることから，EUから離脱した後の英国との間で，北アイルランドで新しい「ボーダー」が誕生するのである。それをどのように回避するかという問題が，英国とEUとの間の離脱交渉における最大の争点となったのだ。

　この北アイルランド帰属問題は，さらにはスコットランドにも飛び火して，再びスコットランドでは独立を求める機運が高まる様相である。すでに2014年9月18日にスコットランドでは独立を問う住民投票が行われて，連合王国残留が多数となり結局独立が実現することはなかった。ところが，2016年6月の国民投票では，離脱が多数となったイングランドとは異なり，スコットランドではむしろ残留が多数であった。親欧州的な政治文化が色濃いスコットランドでは，あくまでも2014年の住民投票では「EUのなかの英国」であることを前提とした連合王国への残留の意思表明であったともいえる。だとすれば，そのような前提が，EU離脱により大きく変わったことによって，再び住民投票によってスコットランドの意思を表明するべきだという見解が強まっている。

　2021年5月6日に行われたスコットランド議会選挙では，独立を求めるス

コットランド国民党（SNP）が四期連続で第一党となり，その党首であるニコラ・スタージョンはかねてから提案している独立をめぐる住民投票への支持が高まっていると述べた（BBC News Japan, 2021）。それに対して，ロンドンのジョンソン政権は要請を正式に拒否しているが，コロナ収束後に 2 度目の住民投票を行うことを引き続きスタージョン党首は求めている。北アイルランド帰属問題のみでなく，スコットランド独立問題もまた，連合王国の「コンスティチューション」の根幹を揺るがせている。

▎イングリッシュ・ナショナリズム

　これらの問題の背景にあるのが，いわゆる「イングリッシュ・ナショナリズム」と呼ばれるものである。これは比較的に新しい政治的な動向であり，またこのような呼称も近年頻繁に用いられるようになったものである。そもそも，「連合王国」，あるいは「ブリテン」としてそのナショナル・アイデンティティが論じられることが多かったのに対して，近年ではスコットランドやアイルランドなどとは異なる独自の存在として，イングランドの独自性や優越性を論じる傾向が強まっている。それは保守党右派に多く見られるイデオロギーであり，また EU 批判とも深く結びついたものである。いわば，この「イングリッシュ・ナショナリズム」は，英国国民を EU 離脱に導いた大きなイデオロギー的な要因とも言え，またスコットランドとは異なりイングランドで離脱派が多数となった理由とも言える（Henderson *et al.*, 2016：187-199）。

　このような「イングリッシュ・ナショナリズム」の拡大は，1990 年代から2010 年代に至るまで，UKIP や，保守党内での欧州懐疑派の勢力が伸張するのを支えてきた。そのように考えるならば，2016 年 6 月 23 日の EU 加盟を問う国民投票の結果は，それまで伸張してきた「イングリッシュ・ナショナリズム」が生み出した帰結ともいえるのかもしれない。

4．ブレグジット後の英国の対外政策

　ブレグジットに伴う英国政治の変容は，その対外政策の転換にも繋がっていった。それまでは，「EU のなかの英国」という立場から，他の EU 諸国との連携や協調を前提に自らの対外政策や，国家安全保障戦略を構築してきた。それに対して，ブレグジット後の対外政策においてはより大きなフリーハンドを得ると同時に，自らの国際的なアイデンティティを再構築する必要があった。

　そのようななかで，英国政府は 2016 年 6 月以降，「グローバル・ブリテン」という言葉を繰り返し用いるようになった。それは，世界における EU 離脱後の英国のアイデンティティを再構築する試みでもあった。メイ首相がはじめてその言葉を用いたのは，2016 年 10 月 2 日の，保守党の党大会においてである。そこでメイ首相は次のように述べている。

　　「ブレグジットはただ単に，欧州連合とのわれわれの新しい関係について考えることを促すということにとどまるべきではない。それはわれわれに，より広い世界におけるわれわれの新しい役割について考えるべきものである。それはわれわれに，グローバル・ブリテンについて考えるべきものであって，それは自信に満ちて，欧州大陸を越えて，より広い世界において経済的および外交的な好機に目を向ける自由を持つ国家なのである。」(House of Commons Foreign Affairs Committee, 2018：5)

　このようにして，英国の対外政策はそれまでの EU 加盟国の一員としての立場から，「グローバル・ブリテン」としてより広い世界に目を向けたものへと変貌していった。そのなかでもとりわけ顕著であるのが，いわゆる「インド太平洋傾斜（Indo-Pacific tilt）」と呼ばれるものである。これは，ブレグジット後の英国の長期的な対外戦略を記した「競争時代におけるグローバル・ブリテン」と題する，英国の安全保障政策，防衛政策，開発政策，そして外交政策を統合

する「統合レビュー（Integrated Review）」において示された概念である。英国政府が2021年3月に発表したこの戦略文書においては，「インド太平洋地域は，英国にとって重要である。それは，われわれの経済，安全保障，そして開かれた社会を維持するというわれわれの地球規模での野心的な試みにとって，決定的に重要となる」と書かれている（Her Majesty's Government, 2021 : 66）。

　とはいえ，ブレグジットとコロナ禍という「二重苦」に直面して，前例のない経済的な停滞に苦しむ英国が，これからどの程度の財政支出を自らの「インド太平洋傾斜」のために割くことができるかについては疑問符がつく。また，2021年2月1日に環太平洋パートナーシップに関する包括的及び先進的な協定，いわゆるCPTPPとしてのインド太平洋地域の貿易協定に参加する申請を行った英国が，はたして実際にいつ加盟できるのかは明らかではない。英国政府は自らの望むかたちで，CPTPPの協定に修正を加えることを望んでいるが，現加盟国がそのような要請にはたして応じるかどうか未知数である。何よりも，英国の対外貿易の約半分ほどがEUとのそれであった以上，経済成長が続くインド太平洋地域へのよりいっそうの関与が将来的に重要になるとしても，短期的および中期的には依然としてEUとの関係改善，および新しい関係のより詳細な合意に到達することが不可欠である。

参考文献

BBC (2016) "Brexit added to Oxford English Dictionary", 15 December 2016. https://www.bbc.co.uk/news/uk-england-oxfordshire-38326516

Elgot, Jessica (2016) "Lord Heseltine Slams Boris Johnson for 'Abandoning his Army'", *The Guardian*, 30 June 2016, https://www.theguardian.com/politics/2016/jun/30/lord-heseltine-slams-boris-johnson-abandoning-army.

Evans, Geoffrey and Anand Menon (2017) *Brexit and British Politics*, Polity.

Farage, Nigel (2001) "From the Wishful to the Inevitable" in Martin Rosenbaum (ed.), *Britain & Europe: The Choices We Face*, Oxford University Press.

Ford, Robert and Matthew Goodwin (2014) *Revolt on the Right: Explaining Support for the Radical Right in Britain*, Routledge.

Henderson, Alisa, Charlie Jeffery, Robert Lineira, Roger Scully, Daniel Wincott and

Richard Wyn Jones（2016）"England, Englishness and Brexit", *The Political Quarterly*, vol.87, no.2.

Her Majesty's Government, *Global Britain in a Competitive Age: The Integrated Review of Security, Defence, Development and Foreign Policy*, CP403, March 2021, https:// assets.publishing.service.gov.uk/government/uploads/system/uploads/attachment_ data/file/975077/Global_Britain_in_a_Competitive_Age-_the_Integrated_Review_of_ Security__Defence__Development_and_Foreign_Policy.pdf.

House of Commons Foreign Affairs Committee（2018）*Global Britain: Sixth Report of the Session 2017-10*, 12 March 2018, https://publications.parliament.uk/pa/ cm201719/cmselect/cmfaff/780/780.pdf.

Lynch, Philip（2009）"The Conservatives and the European Union: The Lull Before the Storm?", in Simon Lee and Matt Beech（eds.）, *The Conservatives Under David Cameron: Built to Last?* Basingstoke.

Stephens, Philip（2016）"Brexit May Break Britain's Tory Party", *Financial Times*, 21 April 2016.

BBC News Japan（2021）「スコットランド独立を問う住民投票は『やるかどうかではなく，いつやるか』＝スタージョン氏」2021 年 5 月 10 日，https://www.bbc.com/japanese/57052881.

庄司克宏（2018）『欧州ポピュリズム─EU 分断は避けられるか』筑摩書房。

鶴岡路人（2020）『EU 離脱─イギリスとヨーロッパの地殻変動』筑摩書房。

細谷雄一編（2009）『イギリスヨーロッパ─孤立と統合の二百年』勁草書房。

細谷雄一（2016）『迷走するイギリス─EU 離脱と欧州の危機』慶應義塾大学出版会。

若松邦広（2013）「自由主義右派の政党組織化─連合王国独立党（UKIP）の展開と政党政治上の意味」『国際関係論叢』第 2 巻，第 2 号。

─── 第2章 ───

英国における PFI（Private Finance Initiative）の消長
─管理手法の制度運用と政治の文脈─

南島和久

　英国政府によれば，PFI（Private Finance Initiative）とは，「公共サービスの提供に民間セクターの関与を増加させようとする政府政策である」とされている（House of Commons Libruary, 2001：10）。PFI は 1992 年の英国ではじまり，日本でも革新的な公共サービスの提供手段として注目を集め，現在においてもその推進が謳われているところである。

　だが，2018 年には英国の PFI はおよそ四半世紀にわたる取組の幕を下ろした。PFI の母国ではいったい何があったのであろうか。

　本章では，およそ四半世紀にわたる英国の PFI の取組を振り返る。そもそも PFI はどのような経緯を経て，いかなる理由で廃止されることになったのであろうか。とくに本章では，政治文脈を踏まえつつこれを描き出す。

1．PFI と制度設計

▌日本の PFI

　PFI は，世界中で活用されている公共施設の建設・運営管理にかかる公共サービスの提供手法の1つである。日本でも 1999 年に「民間資金等の活用による公共施設等の整備等の促進に関する法律」（以下「PFI 法」という）が整備され，その活用が進められてきた。日本の PFI 法によれば，その目的は以下のとおりである。

　「この法律は，民間の資金，経営能力及び技術的能力を活用した公共施設等の整備等の促進を図るための措置を講ずること等により，効率的かつ効果的に社会資本を整備するとともに，国民に対する低廉かつ良好なサービスの提供を確保し，もって国民経済の健全な発展に寄与することを目的とする。」
（第1条）

　あらためて PFI とは，「何を政府サービスとして提供するのか」という企画立案部分と，「どのようにそれを提供するのか」という政策の実施部分とを分けたうえで，これらのうち後者の領域を，その建設費用の負担や資金調達にかかるリスクまでをも含めて民間に委ねようとする手法である。日本の PFI 法では，PFI の適用対象として多彩な分野が示唆されているが，「病院」「学校」「刑務所」「空港」「水道管更新」などがその主なものである。これらはそれぞれの分野名を冠し，「病院 PFI」「学校 PFI」「刑務所 PFI」「空港 PFI」「水道 PFI」などと呼ばれている。

　日本の PFI の主な特徴は以下の3点である。第1に，民間が資金調達を行い，民間が公共サービスにかかる事業を推進することである。法律名に表現された「民間資金等の活用による公共施設等の整備等」という文言はこれをよく表現している。第2に，「プロジェクトファイナンス」という資金調達手法が目を引くということである。通常の建設事業への融資は土地建物等の担保を原資とするが，プロジェクトファイナンスでは事業のキャッシュフローが返済の原資となる。このため，PFI 事業の成否が融資の前提となる。第3に，VFM（Value for Money）が重視されている点も見逃せない。VFM とは「支出に見合った価値」と訳されるが，政府側から見れば，同じ金額の公共サービスをより高い品質で調達するか，もしくは同品質のものをより安価な費用で調達するかとなる。PFI 法では，「効率的かつ効果的な社会資本整備」や「国民に対する低廉かつ良好なサービスの提供」がこれを表現している。

▌英国の PFI と政治的文脈

　日本の PFI は四半世紀に及ぶ英国の PFI をモデルとしたものである。日本は英国からいつの時点で何を学んだのだろうか。この点については，「制度設計段階」と「制度運用段階」とに分けて整理することができる。

　「制度設計段階」は，ジョン・メージャー政権下でノーマン・ラモント大蔵大臣が PFI の導入を表明する 1992 年 11 月から，保守党から労働党への政権交代が起きる 1997 年 5 月までの期間が該当する。この時期，日本では英国における PFI の動向が精査されていた。日本で PFI 法が制定されたのは，1997年に保守党から労働党への政権交代が起きた後の 1999 年のことである。この時点までの英国の PFI の経験が日本の制度設計の際のお手本となった。

　なお，マーガレット・サッチャーおよびこれに続くメージャー保守党政権期には，PFI のみならず，規制緩和，民営化，エージェンシー化や強制競争入札制度（CCT：Compulsory Competitive Tendering）などの改革手法が次々と登場した。これらの改革手法は，「新自由主義的政策潮流」，あるいは「新公共管理」（NPM：New Public Management），もしくは「公共サービス改革」などと呼ばれていたものであった（南島，2010）。それらはいずれも「小さな政府」への志向性が強く，直営型の公的部門による管理よりも，市場メカニズムや企業経営手法をより積極的に活用しようとするものであった。こうした改革手法が日本に導入されるのは，2001 年に成立した小泉純一郎政権以降のことである。PFIはその嚆矢といえるものであった。

　他方，「制度運用段階」は，1997 年の政権交代から PFI 廃止に至る 2018 年までの時期が該当する。この時期の重要事項は，PFI から PPP（Public Private Partnership）への転換，PF2（Private Finance2）の登場，PFI の廃止などである。

　「PPP への転換」とは，1997 年のトニー・ブレア政権への成立に伴い，PFIの枠組みが PPP の一手法と位置づけなおされたことをいう。その背景には，労働党の政策転換，すなわち「ニュー・レイバー」や「第三の道」と呼ばれた政策路線への転換があった。また，「PF2 の登場」は保守党への政権再交代後のデイビッド・キャメロン政権下における PFI 改革の結果によるものであった。最後の「PFI の廃止」は，キャメロン政権の退陣を受けて登場したテリー

ザ・メイ政権下で現実化したものであった。

　本章が注目するのは，「制度運用段階」が日本では重視されていないという点である。そのうえで，「制度運用段階」すなわち，「PPPへの転換」，「PF2の登場」，「PFIの廃止」のいずれについても，「政治文脈を無視できない」という点を指摘しておきたい。

　ただし，本論に入る前にいま少し制度設計段階について触れておこう。

▌制度設計段階

　サッチャー政権下では，「不満の冬」「死にいたる病」ともいわれていた財政赤字と経済停滞を前に，民営化，規制緩和，公的部門の外部化が進行した。こうした改革潮流は，当時，「サッチャリズム」と呼ばれていた。

　PFIの端緒には，サッチャー政権下で登場した「ライリー・ルール」（Ryrie Rules）の存在があった。大蔵省は1981年にウィリアム・ライリー卿を中心とする委員会を設け，このルールを策定した。その内容は大きく以下の2点であった。

　第1に，公的な支出については政府保証などの有利な条件を付さないということであった。これは，プロジェクトについて，効率性の追求やリスク資本調達コスト相当の利益を引き出すようにするという要請であった。第2に，民間資金に対して公的資金を追加しないということであった。これは民間資金が有意義なものについて，公金の支出を減らすようにしなければならないという要請でもあった。

　ライリー・ルールはメージャー政権の登場の直前の1989年に，メージャー大蔵大臣によって上書きされた。自治体国際化協会（1998：3-4）によれば，メージャー大蔵大臣はこのとき，「民間資金が導入された事業であっても，その導入分を公共支出分と相殺しなくてよい。」という声明を出したという。これは，民間資金を活用し，財政出動要件を緩和するためのものであった。

　1990年にはサッチャー政権の退陣を受けてメージャー政権が発足した。翌，1991年にはメージャー政権の基本方針となる市民憲章（The Citizen's Charter）が策定された。市民憲章は，すべての市民の公共サービスについての，「標準

性」「開放性」「（完全で正確な）情報」「選択可能性」「差別禁止」「アクセシビリティ」を求める権利を保障しようとするものであった。また，この憲章のなかで市民は公共サービスの「顧客」と位置づけられ，「顧客」の視点から見た公共サービスの「水準・品質」が強調された。こうしたアイデアは，新たにはじまる PFI でも鍵となるものであった。

植田和男はメージャー政権で政府政策となった PFI について，大蔵省とプライス・ウォーター社との間で組み立てられた事業スキームであったことを明らかにしている。当時の英国の財政悪化と海外からの資金調達の困難性から，①民間が政府に代わって資金調達することと，②公共事業の資金源の海外から民間への転換の 2 つがこの事業スキームには含まれていたことを植田は指摘している（植田，2020：4-5）。これらのうち①については，のちの簿外計上問題につながる。

2. PPP への転換

▌PPP への転換

1997 年には保守党から労働党への政権交代を伴ってブレア政権が誕生した。ブレア政権下において PFI はさらに活用され，発展していくこととなった。

ブレア政権は「旧い労働党」（オールド・レイバー）に対し，「新しい労働党」（ニュー・レイバー）を強調していた。「新しい労働党」とはどういうコンセプトだったのか。また，そこに登場した PPP とはどのような概念だったのだろうか。

労働党は伝統的に生産手段の国有化を重視してきた（山口，2005：14-20）。すなわち，政治的には「民営化の保守党，国有化の労働党」という対立構図があった。この構図は冷戦下のイデオロギー対立構図の延長線上に位置づけられるものであった。

1990 年代にはソ連ブロックの崩壊劇に端を発する冷戦構図の瓦解が起こり，世界はグローバリゼーションと呼ばれる自由主義市場への経済統合へと向かった。そのなかで労働党はアンソニー・ギデンズが提唱した「第三の道」と呼ばれる政策路線に舵を切った。それは「資本主義でも社会主義でもない」と形容

されるものであった。

　ブレア政権ではより具体的に，サッチャリズム下で拡大した格差や公共投資の縮減などの，「小さな政府」の負の部分の克服が試みられた。そのため政府はとくに地方でのインフラ整備や学校，病院などの公共施設への投資を積極化させようとした。ここでは，ジョン・プレスコット副首相の下でまとめられた1998年の地方政府に関する白書（Cm4014）において，地方政府のPFIに政府が高い優先順位（high priority）を付していた点に注目しておきたい（DETR, 1998：71）。

　あらためてブレア政権下において，PFIを包摂するPPPという新たな概念が登場した点に注目しておきたい。大蔵省（Tresurery, 2003：3）によればPPPには以下の3つの種類があるとされていた。

（1）国有企業への民間部門の所有権を導入する。このために（株式・債券の発行や戦略的パートナーの導入を問わず）過半数または少数の株式の売却を含めた，さまざまな手段を講じる。

（2）公的部門のPFIおよびその他の手法では，民間資本がリスクに直面するなかで民間経営手法を利用し，長期的に質の高いサービスを購入するために契約を行う。ここには必要とされる社会資本の維持管理，質の向上または建設に対し，民間部門が公共サービスの提供について責任を負う，コンセッションとフランチャイズが含まれる。

（3）より広い市場やその他のパートナーシップに政府サービスを売却することで，政府資産の商業的な潜在的価値を生かし，民間部門の専門性や資金を活用する。

　ここで，PPPは上記の（1）〜（3）のすべてを包摂するが，PFIが具体的に言及されているのが（2）においてのみであるという点に注目したい。同文書ではPFIは実際の契約にかかるスキームであることを踏まえ，「資金調達のツール」であると説明されている。これに対しPPPは，日本語で「官民連携」とも訳される幅広い概念であるが，「所有の構造」を説明しようとするものと

して説明されている（ibid.：118）。以上の説明からいえることは，英国政府が，PPP が PFI を包摂するものと捉えていたということである。換言すれば，広義の PPP（官民連携）の下で PFI というスキームが作動するという建て付けとして再整理されたということである。この後，「PPP/PFI」（または「PFI/PPP」）という表現が政府文書ではよく用いられるようになった。

　このような新たな枠組みの下でブレア政権下の PFI は，とくに地方政府において拡大することとなった。

▌ PPP の推進

　PFI をさらに推進していくための大きな転換点となったのが，1997 年の「ベイツ報告」である。ブレア政権の閣僚であったジェフェリー・ロビンソン出納長官は，PFI に関する見直しを，マルコム・ベイツを長とする委員会に付託し，その結果，「ベイツ報告」が提出された。そこには，PFI 統轄組織の変更，PFI プロセスの改善，PFI に関する専門知識の蓄積，PFI 入札コストの縮減などが答申されていた。

　このうち，PFI 統轄推進機関としては，ユニバーサル・タスク・フォース（Universal Task Force）が設置された。また，VFM の最大化，ガイドラインやマニュアルの整備，専門性の向上などの技術的な改善の余地が提言されたことが PFI の拡充にとって重要な点であった。

　PFI を拡大していくために最初に必要とされたのは採択プロセスの改善であった。メージャー政権下の 1994 年，当時のケネス・クラーク大蔵大臣は，「ユニバーサル・テスティング」を導入していた。これは，すべての公共事業について PFI が可能かどうかを確認することを手続きとして求めるというものであった。しかし，ロビンソン出納長官は，「民間資金が機能しない案件を事業化するのに時間とお金を掛けるべきではない」として，1997 年にユニバーサル・テスティングの廃止を宣言した。それはベイツ報告の方向性とも合致するものでもあった（国土交通省，2017：Ⅳ -5）。

　PFI を拡大するための措置として，もう 1 つここでは「PFI クレジット」について触れておきたい。「PFI クレジット」とは，地方政府の PFI を拡大する

ために1997年に導入された中央政府から地方政府のPFI事業に交付される補助金のことである。各省庁から地方政府へのPFIクレジットは，労働党政権下で行われるようになっていた「歳出見直し」（Spending Review）において割当が行われており，国民総資本の下でのPFIの事業資本金を支援することを目的としていた。この審査を行うため，1998年には大蔵省内の審査部門としてPFI事業審査班（Projects Review Group）が設置された。各省庁はPFI案件をこの大蔵省の審査に諮ることとされており，交付は省庁毎の支出制限（RDEL）の範囲内で行われるとされていた（"Public Private Partnerships : Technical Update, 2010"）。こうした工夫が必要であったのは，PFI事業が長期契約を前提とするスキームであったためである（参照，内藤，2009：110）。

　さらに大蔵省は地方政府のPFI事業を支援するため，1999年よりSoPC（Standardisation of PFI Contracts）を提供した。このSoPCはPFI契約様式にかかるガイダンスであり，2007年までの4回のアップデートを重ねた。

3.「PF2」の登場

▌金融危機

　ブレア政権下ではPFI事業は大きく拡大した。しかしながらそこにはいくつもの問題が内包されていた。この問題が噴出してPFIスキームの改革が政治日程に上ったのは次の政権交代後のことである。そこでPFIの新たなスキームとして「PF2」が登場することとなる。そこまでの経緯を見ていこう。

　2007年にはブレア政権時に一貫して大蔵大臣であったゴードン・ブラウンが労働党において党首に選出され，政権を担うこととなった。ブラウン政権への政権移行の際，PFIに大きな方針変更はなかった。しかし，ブラウン政権の成立の前後からPFIに対する問題点が指摘されるようになった。とくに労働組合側からの批判は根強く，訴訟も提起されるようになっていた。

　ブラウン政権のPFIに対する姿勢は，「PFIがなければ病院も学校も作れなかった」というものであったが，これに対する批判は，「高価な買い物をしているのではないか」，「長期にわたる契約が財政の硬直化を呼んでいるのではな

いか」などであった。この批判のボルテージが上がったのは，アメリカのサブプライムローン問題を端緒とする世界金融危機，いわゆる「リーマン・ショック」以降のことである。

　2008年9月に発生したアメリカ発のリーマン・ショックは英国の金融界に甚大な影響をもたらした。とくに金融立国政策の下，欧州の金融センターとして成長し住宅バブルの状況にあった英国をリーマン・ショックは直撃した。その影響の大きさは，政府が銀行救済のために急遽約5,000億ポンド（約80兆円（一般会計歳出規模は120兆円前後））の対応策（2008 U.K. Bank Rescue Package）を講じたことにもうかがえる。

■ PFI改革へ

　さらに重要な転機となったのは2010年に発足したデイビッド・キャメロン政権の誕生であった。キャメロン政権は保守党と自由民主党との連立政権への政権交代を伴って登場した。

　キャメロン政権は政権発足後まもなく，PFI政策の見直しに着手した。最初に大蔵省は，先にも触れた「PPP：テクニカルアップデート2010」において，PFIの重要性を政府が確認しているとしつつその見直しに言及した。同文書で見直しの対象とされたのは，地方政府のPPPに対する中央政府の補助（「PFIクレジット」）のあり方，政府関与の透明性の向上方策，プロジェクト審査のあり方の見直しおよびVFMの検証，ファイナンスにかかるガイダンスの刷新などであった（ibid.：9）。

　「地方政府のPPPに対する中央政府の補助のあり方」については，2010年度の歳出見直し（Spending Review, 2010）においてPFIクレジット制度の廃止が明言された。「政府関与の透明性の向上方策」についてはPFIの負債の全体像を明らかにするために政府勘定全体の公開に取り組むこととされた（同文書によれば，2010年11月現在のPFIの支払い義務が総額1,446億ポンドに上るという（ibid.））。「プロジェクト審査のあり方の見直しおよびVFMの検証」については，社会資本室（Infrastructure UK）の設立やPFI効率化ガイドラインの策定が行われた。「ファイナンスにかかるガイダンスの更新」については，新ス

キームである PF2 を表明した新方針，「PPP の新たなアプローチ」以降の取組
にて確定することとなった。

　PF2 の登場の議論に入る前に，もう１つ重要な報告について触れておこう。
それは，2010 年に下院に提出されたロンドン外環道路，M25 モーターウェイ
に関する PFI の報告書（House of Commons, 2011）である。

　M25 モーターウェイは，20 世紀初頭に構想が登場し，サッチャー政権下で
全線が開通したものであった。上記の報告書はその一部の拡張工事に関するも
のであった。M25 モーターウェイの全長は 117 マイル（約 188km）であり，本
件 PFI 契約はこれらのうち，ダートフォードクロッシングを含む本線および
接続道路の 125 マイルの維持管理に関するものであり，契約締結は 2009 年と
されていた。問題となったのは 2001 年の着手から 2009 年の契約締結までに要
した高額なコンサルタント費用および道路庁の積算能力であった（ibid.）。

　この問題は後年の会計検査院の報告書（NAO, 2018：41）でも触れられてい
る。こちらの報告書では，事業は合弁会社 M25 コネクトプラス社（Connect-
Plus（M25））が落札したこと，この会社の株式は英国で第一位の建設会社，バ
ルフォア・ビーティ社（Balfour Beatty）とスカンスカ社（Skanska）が 40％ず
つ，アトキンス社（Atkins）とエジス社（Egis）が 10％ずつを持っていたこと，
株式等の年間収益率が 31％にも及んでいたこと，道路庁から M25 コネクト
プラス社への支払総額が 80 億ポンドに上ることなどが指摘されていた。

　先にも触れたようにこのほかにも高額な契約やサービスの質に関する指摘が
相次いだ。そのなかでキャメロン政権下の PFI 改革は進行していったのであ
る。

▌意見公募手続

　PF2 は 2012 年 12 月の大蔵省の文書，『PPP への新たなアプローチ』（*A New
Approach to Public Private Partnership*）において登場することとなった。この新
スキームには PFI 改革の処方箋が数多く盛り込まれていた。

　『PPP への新たなアプローチ』では，以下の５点について，過去 20 年にわ
たる PFI 政策が満足のいくものではなかったとされた（ibid.：6）。これは労働

党政権下における PFI の制度運用への批判でもあった。具体的には以下の5点が挙げられていた。

・PFI の調達過程は，公的部門と民間部門の双方にとって往々にして時間と費用がかかる。これは費用の増加につながり，納税者の VFM を低下させる。
・PFI 契約は契約期間中の柔軟性が不十分であり，このため公的部門のサービス水準の要求を反映することが困難であった。
・PFI 事業による納税者の将来負担および投資家の収益性に関する透明性が不十分であった。
・不適切なリスクが民間部門に移転された結果，より高いリスクプレミアムが公的部門に課される結果となった。
・PFI 事業の株主は棚ぼた的利得を得ていると理解されており，これが事業の VFM の懸念事項になっている。

　これらの課題の抽出に先立って行われたのが，2011 年 11 月 15 日にキャメロン首相自身によって表明された意見公募手続（Call for Evidence）であった。この意見公募手続きは 2012 年 2 月 10 日まで行われ，事業者や研究者らから 139 件，一般市民から 16 件の意見が寄せられた。同文書には意見公募手続きによって寄せられた意見が整理されている。それによればここでの意見は大きく分けて，民間部門の役割に関する事項，機関的投資に関する事項，プロジェクトファイナンスにかかる政府の役割に関する事項，債務に関する事項，株式に関する事項，リスクの許容範囲に関する事項，調達および契約管理に関する事項，契約の仕様に関するイノベーションと標準化に関する事項，ソフト面の施設サービスに関する事項，ハード面の施設管理とライフサイクル管理に関する事項，保険関係に関する事項，契約の柔軟性に関する事項，透明性に関する事項の 13 項目にも及ぶものであった（ibid.：85-93）。これらの課題を吸収したものが新たな PFI のスキーム，すなわち「PF2」であった。

■ PF2

　PF2について，大蔵省の『PPPへの新たなアプローチ』はその特徴を以下の7点に集約している。

　第1に「公平さ」（equity）である。これは，公的部門と民間部門の連携を大幅に強化し，引き上げるために，政府が，PF2事業において少数派の公的な共同投資家として行動することや，決算前に長期にわたる投資家をPF2事業に引きつけるために，株式の一部に投資競争を導入するというものである。

　第2に「サービス提供の加速化」（accelerating delivery）である。これは，調達の迅速化と低廉化のために，調達能力強化を目指して社会資本室（Infrastructure UK）の権限を強化したり省庁の調達専担部門を支援したりすること，PF2事業の入札では内閣官房長官が認めない限り入札から優先入札者の指名までの期間を18カ月以内に終結するようにすること，PF2調達に標準化された効率的アプローチを導入し標準仕様の提供を開始すること，調達前に大蔵省の点検を追加して事業準備の審査体制を強化することなどである。

　第3に「柔軟なサービス供給」（flexible service provision）である。これは，サービスの柔軟性・透明性・効率性を向上させるために，清掃やケータリングなどのソフトサービスをPF2事業から除外すべきこと，調達当局がPF2事業の開始時に特定のマイナーな維持管理活動を含めるかどうかについて裁量権を持つこと（契約中に柔軟に追加・削除ができるようにすること），黒字分のライフサイクルファンド（株や債権を組み合わせて運用する長期運用資金）を共有するために，資金調達にオープンブック方式（透明性を高める方策）とゲインシェアメカニズム（成果配分制度）を導入すること，サービス提供の定期的なレビューを導入することなどである。

　第4に「より高いレベルの透明性」（greater transparency）である。これは，透明性を高めるために契約締結後のPF2事業のオフバランスシートから生じるすべての政府関与に総合管理システムを導入すること，民間部門に公表を前提とした株主資本利益率情報の提供を求めること，政府が公的部門の株式を保有しているすべてのPF2事業に関する事業内容と財務情報を記載した年次報告書を発行すること，大蔵省のWebサイトに追跡に同意した目論見書（投資

対効果検討書）を掲載すること，標準契約ガイダンス内の情報提供を改善することなどである。

第5に「リスク許容範囲の妥当性」（appropriate risk allocation）である。これは，VFM を改善するために公的部門によるいっそうのリスク管理（具体的には，予期せざる法改正・光熱費・公害・保険の変動によって生じる追加費用負担が含まれる）を考慮することである。

第6に「将来債務のファイナンス」（future debt finance）である。これは，PF2 の資金調達構造が金融市場において長期融資が可能になるように設計されるべきことを指すものである。

第7に「VFM の具体化」（delivering value for money）である。これは，政府が既存の VFM ガイダンスに代わるガイダンスを提供することを求めるものである。

4．PFI の廃止

■ PFI の縮減

PFI と PF2 の実際の実績はどのようなものであったのだろうか。

英国会計検査院の報告書（NAO, 2018：4）によれば，PFI の契約のピークは 2007 年頃であったとされる。2008 年にはリーマン・ショックが発生したため，金融市場は冷え込み，公共投資は伸び悩むこととなった。さらに英国の PFI の新規契約件数が伸び悩んだ背景にはリーマン・ショックの影響のほかに，政治的要因，社会的批判などが重なった。会計検査院の報告書でも，「2008 年の金融危機後，政府は民間金融のコストが増加したため，PFI の利用を縮減することとなった。議会もこのモデルに対してますます批判的となった。」（ibid.：4）と記されている。

このことに加えて，新たに登場した PF2 の契約件数も大きなインパクトをもつほどの実績件数を積み上げることはできなかった。具体的に，PF2 の契約件数は，2014 年から 2016 年までの期間に学校 5 件，病院 1 件という状況であった（日本，EY2019：7）。政治との関係では，労働党政権が重視していた学

校や病院に対する投資はすでに一定の充足が図られていること，保守党政権の
政策伝統からいえば積極的に取り組む動機が労働党政権に比べれば相対的に希
薄であったことなども指摘できる。

　ここに追い打ちをかけたのが，欧州委員会による新しい欧州国民経済体系
（ESA2010 : European System of Account, 2010）に基づく新ルールの導入であっ
た。新しい ESA2010 は，金融危機を踏まえつつ，既存の ESA1995 を置き換
えようとするものであった。ESA2010 への改訂は，PFI および PF2 にとって
はブレーキをかけるものとなった。英国の国家統計局（ONS）は 2014 年にこ
れを英国国内で施行した。さらに，2016 年には EU の統計局（Eurostat）が貸
借対照表の取り扱いを明確にする新たなガイダンスを提示した（NAO, 2010 :
44）。それは，これまで簿外計上していた PFI および PF2 の債務を貸借対照表
上に掲記しなければならなくなることを意味するものであった。

▌ブレグジットとカリリオン事件

　2016 年 6 月には欧州連合を離脱するか否かをめぐる国民投票が行われ，そ
の結果，欧州離脱（Brexit）が決定し，キャメロン政権は退陣することとなっ
た。この事態を受けて 7 月には保守党党首選が行われ，メイ首相が新たに政権
を率いることとなった。2017 年 6 月には総選挙が行われ，メイ政権はハング
パーラメント（単独過半数を維持できない）の状況に陥り，民主統一党の閣外協
力を得つつ政権を維持する状況となった。

　そうした状況のなかで生じたのが，PFI の廃止へと向かう大きな出来事，大
手建設会社カリリオン社の破綻であった。同社の破綻申請は 2018 年 1 月 15 日
であった。

　カリリオン社は，公表された財務状況は良好であったにも関わらず，70 億ポ
ンドもの負債を抱えていた。2017 年 3 月には過去最高の配当と役員報酬を出し
ていたが，7 月には 8 億 4,500 万ポンドの赤字引当金を計上し，株価は大幅下落
を記録した。そこから破産申請まではわずか半年余りでしかなかった。

　カリリオン社は PFI を受注する大手企業であり，当時，450 件もの PFI 契
約を結んでいた。下院の委員会がカリリオン社に関する報告書をまとめ，実態

を把握することができたのは 2018 年 8 月になってからのことであった。

　そのわずか 2 カ月後，政府は突如として，PFI/PF2 の廃止を宣言することとなった。

5．PFI の消長

　PFI の廃止はフィリップ・ハモンド大蔵大臣によって宣言された。「自分は PFI を契約したこともなく，今後も契約することはない。今後も PFI/PF2 を政府が活用することはない。」とする大蔵大臣の発言には，かつての PFI/PF2 への期待はもはやみられなかった。そもそも改革の期待を込めて生み出された PF2 はわずか 6 件の実績しかなかった。

　PFI は長期にわたる契約を伴うものである。このため，当面の間，事業そのものは存続される。すなわち，ここでいう「廃止」とは新規契約の凍結を意味していた。同時に，PFI を包摂する官民連携（PPP）については，「引き続き継続」という方針が示された。要するに「PFI の廃止」とは，PFI やこれを改革することで登場した PF2 というスキームの終焉を意味するものであった。

　PFI の失敗には，いくつもの要因が折り重なっている。もちろん，PFI というスキームに問題や欠陥があったから廃止となったという説明もできないわけではない。しかしながら，PFI を道具として使いこなす使い手側の問題も無視できるものではない。

　本章ではとくに，制度運用段階の，「政治文脈を無視できない」という面に注目しつつ論じてきた。政治が失敗政策を作り出すという側面について，われわれはもう少し敏感になってもよいだろう。

　以上の議論を踏まえ，日本への示唆として一言しておきたい。

　今日的な視点からいえば，保守党政権は当初，PFI という制度で社会資本投資を財政規律の観点から簿外計上しようとしていた。その延長線上で労働党は社会資本整備を積極化させた。ただしその帰結は，政府財政のひっ迫をもたらすこととなり，ESA2010 以降，これが表面化した。そして，再び保守党に政権が戻ったとき，財政規律重視のなかで PFI にブレーキがかかることとなっ

た。無い袖はやはり振れなかったといえばそれまでだが，冷静な眼も必要ではなかったかと問わずにはいられない。

参考文献

DETR（1998），*Modern Local Government: In Touch with the People,*（Cm4014）.

HM Treasury（2003），*PFI: Meeting the Investment Challenge.*

HM Treasury（2012），*A New Approach to Public Private Partnerships,*（PU1384）.

House of Commons（2010），"Private Finance Initiative – Treasury"（parliament. uk）（https://publications.parliament.uk/pa/cm201012/cmselect/cmtreasy/1146/114607. htm）.

House of Commons Committee of Public Accounts（2011），*M25 Private Finance Contract,*（HC651）

House of Commons Library（2001），*The Private Finance Initiative.*

NAO（2008），*Making Changes in Operational PFI Projects.*

NAO（2018），*PFI and PP2,*（HC718）.

EY 新日本有限責任監査法人（2019）『平成 30 年度　諸外国における PPP/PFI 事業調査業務報告書』。

植田和男（2020）「日本の PPP/PFI 事業手法と新たな展開」『法律のひろば』，2020 年 5 月号。

佐藤正謙・岡本茂樹・村上祐亮・福島隆則編著『インフラ投資：PPP/PFI/ コンセッションの制度と契約・実務』日経 BP。

内貴滋（2011）『英国行政大改革と日本』ぎょうせい。

南島和久（2008）「PFI 政策の評価をめぐる考察」『評価クォータリー』（5）。

南島和久（2010）「NPM をめぐる 2 つの教義」，山谷清志編『公共部門の評価と管理』晃洋書房。

福島直樹（1999）『英国における PFI の現状』日韓建設工業新聞社。

山口二郎（2005）『ブレア時代のイギリス』岩波書店（岩波新書）。

ジューン・バーナム／ロバート・パイパー著，稲継裕昭監訳／浅尾久美子訳（2010）『イギリスの行政改革』ミネルヴァ書房。

—— 第3章 ——

英国経済思想と救貧法
—貧民の被救済権思想が語るもの—

森下宏美

　第二次世界大戦後に福祉国家が登場する以前，英国国民のための公的救済制度として機能してきたのは救貧法体制であった。マーシャル（Marshall, T. H.）は，救貧法体制から福祉国家体制への発展を，独自の市民権理論に基づき，社会権の制度化という視点から説明している。マーシャルによれば，救貧法体制のもとで社会権形成の萌芽は見られたものの，1834年の新救貧法によって消失し，その制度的確立は20世紀の福祉国家成立を待たねばならなかった。これに対し大沢真理は，新救貧法は，貧民の被救済権 right to relief を包括的な形で創出し，被救済権を基底に据えた体系として整備されたと主張し，福祉国家の淵源は，ほかならぬ救貧法体制に存すると結論している。本章は，大沢の問題意識を共有しつつ，19世紀前半の救貧法論争において被救済権の制度化を唱えたスクロウプ（Scrope, G. P.）の主張を，19世紀の時代的文脈における社会権の理論的根拠づけの試みとして描き出そうとするものである。

1. 救貧法体制から福祉国家体制へ—問題の所在—

■ 救貧法・古来の公的救済制度

　1942年に発表された『ベヴァリッジ報告』に描かれた社会保障計画は，ドイツとの戦いに勝利した暁に実現すべき福祉国家の青写真というべきものであった。ベヴァリッジ（Beveridge, W. H.）の社会保障計画は，主要な手段としての社会保険と補完的手段としての公的扶助および任意保険によって「最低生活水準までの給付」を保障し，国民が欠乏に陥ることを防止しようとするもの

であった（Beveridge, 1942：7-8, 邦訳5-7）。この計画は，第二次世界大戦後に発
足した労働党内閣のもとで，国民保険法（1946年），国民扶助法（1948年）とし
て具体化され，その他の福祉立法とともに，英国福祉国家体制の形成を導いて
いったのである。

　このように，第二次世界大戦後の英国では，福祉国家体制のもとで国民の最
低生活水準が保障されていくことになるのであるが，それ以前において，国民
が窮乏に陥ることを防ぐための制度として機能していたのは救貧法Poor
Law/Poor Laws体制であった。英国福祉国家体制は，従来の救貧法体制を終
わらせ，それに取って代わるものとして登場したのである。英国における救貧
法の歴史は長く，その起源は16世紀にまでさかのぼる。1948年の国民扶助法
が公式にその廃止を宣言するまでの約400年間，救貧法体制は公的救済制度と
しての役割を果たしてきた。

■ 20世紀的権利としての社会権・マーシャルの市民権論

　英国の著名な社会学者であるマーシャルは，救貧法体制から福祉国家体制へ
の公的救済制度の発展を，独自の市民権理論に基づいて，社会権の制度化とい
う視点から説明している。マーシャルは，「コミュニティの完全な成員である
人々に与えられる地位」（Marshall, 1963：87, 邦訳98）としての市民権を，公民
的，政治的，社会的の3つの要素に分割している（Marshall, 1963：73-74, 邦訳
84）。公民的要素とは，人身の自由，言論・思想・信仰の自由，所有権，裁判
への権利である。政治的要素とは，政治的権力の行使に参加する権利である。
そして，社会的要素とは，最低限の経済的福祉と保障への権利から，社会的遺
産を完全に分有し，その社会に支配的な基準に従って文明生活を送る権利まで
の全領域のことである（Marshall, 1963：74, 邦訳84）。

　マーシャルによれば，初期の時代には諸制度が融合していたことから，これ
ら3つの要素も混合し「一本の糸に撚られていた」が，時代が下るにつれてこ
れら3つの要素が依拠する諸制度が分解し，各々の要素が独自の道を独自の原
則に従って，それ自身のスピードで歩むことができるようになった。そして
マーシャルは，それぞれの形成期を，公民権については18世紀に，政治権に

ついては19世紀に，そして社会権については20世紀に割り当てている（Marshall, 1963：74-76, 邦訳85-87）。

　マーシャルは，19世紀末までの英国における社会権の形成を説明する中で，救貧法の意義について論じている。マーシャルは，1601年のエリザベス救貧法[1] は，「より原始的だがより本物の社会権を想起させるような社会福祉の解釈」を示唆しており，また，1795年のスピーナムランド制[2] について，それは「勤労や生計維持に対する権利と結びついて，最低賃金の保障と家族手当を提供」するものであり，「現代的基準によってでさえ，社会権の実質的な本体」であったと述べている。その意味で，救貧法は社会権の「攻勢的な擁護者」であったが，しかし，1834年の新救貧法[3] によって「社会保障の概念への試験的な動きは逆転させられ」，その後救貧法は，貧民の要求を，市民の権利の必須部分としてではなく，「市民であることをやめさえすれば満たされうるような要求」として扱うことになったとしている。これは，被救済貧民は参政権を剥奪された事実を指している。このようにして社会権は，18世紀と19世紀初頭には「沈んで見えなく」なり，それが公民権・政治権と対等なパートナーシップを獲得するのには20世紀を待たねばならなかったのである（Marshall, 1963：82-83, 86, 邦訳93-94, 98）。

■ 貧民の被救済権と新救貧法

　これに対して大沢は，新救貧法制定以降の救貧法行政の実施過程を詳細に分析し，新救貧法こそは貧民の被救済権を包括的なかたちで創出した立法であり，それらの権利を基底に据えた体系として整備されたと結論づけている（大沢, 1986：93, 181）。そのうえで大沢は，貧民の生存権ないし被救済権を否定する新救貧法こそは近代資本主義の出発であるとする通説を批判し，「近代資本主義の出発点は，貧民の被救済権を一方的に否認することによってではなく，公的救済の責務＝権利を確認しつつ，資本賃労働関係そのものには完全な独立を求めることによって宣明された」と述べ（大沢, 1986：13：83），さらに，ベヴァリッジの「最低生活費保障原則」の淵源は，ほかならぬ救貧法体制に存すると主張している（大沢, 1986：1）。

　伊藤は，新救貧法のもとで，救済を受ける権利は強力な法的権利として認められていたとはいえ，それは，市民的権利や政治的権利を放棄する場合にのみ得られるものであったことは確かであり，現代的意味での公的扶助の権利の直接的起源とはなりえなかったと大沢に異を唱えている（伊藤，1994：79-81）。

　このように，社会権としての生存権・被救済権が，いつどのようにして形成されたのかを明らかにすることは，救貧法体制から福祉国家体制への発展を理解するうえで重要な意義を有している。しかし，これらの権利が，公民権や政治権が歩んだのとは異なるどのような独自の道を進んで形成されたのかについて，十分な研究がなされてきたとは言えない。大沢の研究は，救貧法行政の実施過程の分析を通じて，生存権・被救済権の形成・確立の道筋を明らかにしようとする意欲的なものである。本章は，大沢と問題意識を共有しつつ，異なった視点からこの問題を論ずる。それは，1834年の新救貧法制定にいたる時期の救貧法論争において，貧民の被救済権確立の必要を唱えた一群の経済学者のひとりであるスクロウプの言説を分析し[4]，そこに，生存権・被救済権の思想的・理論的根拠づけの19世紀的試みを探るというものである。貧民の被救済権それ自体は古来の原則であったにせよ，近代社会への移行という時代の変化の中で，公民権・政治権との対立と調和を意識しつつ，それはあらたな根拠をもって語られなければならなかった。この考察を通じてわれわれは，近代資本主義の出発点を宣明するものとして大沢が強調する新救貧法の理念，すなわち，「公的救済の責務＝権利を確認しつつ，資本賃労働関係そのものには完全な独立を求める」という理念の経済学的理論化を見て取ることができるであろう。

　ところでマーシャルは，社会権が18世紀と19世紀初頭に「沈んで見えなく」なった理由として，経済的領域における公民権の新しい観念と両立しなくなったこと，当時の支配的な精神にとって不快であったことを挙げている（Marshall, 1963：82-83；86, 邦訳92-94）。マーシャルはそれ以上詳しく述べていないが，前者に関しては，所有権と生存権との対立を，後者に関しては，マルサスによる救貧法批判・生存権批判の影響を指摘できよう。生存権・被救済権を19世紀の社会的・時代的文脈のなかで根拠づけるためには，これら2つの問

題は避けて通ることのできないものであった。

2. 所有権と生存権の判定問題

▌所有に対する生存の優越・トマス＝アクィナス

　所有権と生存権との対立と調停をめぐる初期の問題意識は，13世紀のトマス・アクィナス（Thomas Aquinas）の経済思想に見出すことができる。トマスは，神が人類共有のものとして与えた地上の資源を，ある人が私有財産として持つことは許されるかという問いに対し，それは正当であるばかりではなく，人間生活のために必要不可欠であると答えている。それは，私有財産を持つことは労働の動機づけを高め，生産活動や消費活動における秩序と平和の維持に役立つからである（Thomas Aquinas, 1975：64-67, 邦訳206-207）。しかし，同時にトマスは，ある人が有り余る仕方で所有している物財は，自然的な正義に基づけば，貧民扶助のために使用すべきものであり，また，飢饉時のように緊急必要性が明白な場合，すべてのものは共有であり，他人の物財を取って対処することは窃盗とは言えないと述べている（Thomas Aquinas, 1975：80-83, 邦訳222-223）。

　このように，トマスにおいては，生存のための必要を満たすことは私的所有権に優越すると考えられていた。しかし，時代が下るにつれ，次のような問題が提起されるようになる。物財の本源的な共有をまず想定し，そののちに，緊急必要時における物財共有の本源的状態への復帰という仮説をもって個人の所有権を制限するか，あるいは，人間による資源の生産的管理と欠乏状態における平和の確保のために私的所有権の絶対性をあくまで主張するのかという問題である。

▌法学から経済学へ・スミス

　ホント（Hont, I.）とイグナティエフ（Ignatief, M.）は，この問題を「貧民の必要に基づく請求」と「富者の所有に基づく請求」とのあいだの判定問題と呼んでいる（Hont and Ignatief, 1983：42, 邦訳48-49）。ホントとイグナティエフは，こ

の判定問題に対するグロティウス（Grotius, H.），プーフェンドルフ（Pufendorf, S. F. v.），ロック（Locke, J.）の応答を分析し，貧民はどのようにして生活資料を得て生きていくことができるかという問題，すなわち貧民への供給問題が，貧民の権利の問題としてではなく富者の慈愛の問題として語られていくようになる次第を，そしてさらに，富者の所有権を侵害することなくいかにして貧民への供給が可能かという問題へと移行していく次第を描いている。そして，スミス（Smith, A.）の経済学もこの流れに位置づけられる。スミスは，商業社会は農業の生産性を高めることによって，所有権を侵害することなく労働貧民に十分に供給できることを証明するために，自然的自由のもとでの経済成長モデルを用い，この判定問題を，法学や政治学の領域から経済学の領域へと，言うなれば「権利の言葉」から「市場の言葉」へと移し替えたと評されるのである（Hont and Ignatief, 1983 : 25-42, 邦訳 31-48）。

　スクロウプの被救済権論は，所有権と生存権との対立と調停をめぐるこのような思想史の流れに抗するものである。スクロウプは，貧民への供給問題を貧民の権利の問題として提起するとともに，そのような権利が保障されてこそ自然的自由のもとで営まれる経済は一般的福祉の増進に寄与するとの立場を取るのである。ここに，貧民への供給問題を「権利の言葉」と「市場の言葉」をもって語ろうとする，スクロウプの独自の主張を見ることができるのだが，その詳細はのちに見ることとし，ここでは，その立論の重要な根拠となるロックの労働所有権論を見ておきたい。

▌自己労働に基づく所有・ロック

　ロックは，人間は生まれながらに自分を保全する権利を有し，神が人間の生存のために与えた地上の資源に対する権利を持っているが，それらの資源は人類の共有物として与えられたものである。ここからロックは，何人にせよ，全人類の同意によることなしに，どのようにしてそれらの資源に対する所有権を持つことができるのかと問い，自己労働に基づく所有権の成立を論じている。人間は自分自身の一身に対して，固有権 property を，すなわち，自分自身に属し他人に譲り渡すことのできない自由を持っている。自分自身の身体を用い

て行う労働はその人自身のものであり，自己の労働によって自然の状態から取り出したものは，自分の労働を混じえたものであり，このようにして人は，自身の労働を付け加えたものに対する固有権を持ち，それを自身の所有物 property とするのである（Locke, 1690 : 352-354, 邦訳 324-326）。

　ロックは，このような労働所有権論を展開する一方，貧民の生存権を富者の慈愛によって根拠づけている。ロックは，神は，困窮する同胞には神の財産の剰余物に対する権利を与えたのであり，同胞の差し迫った欠乏が必要としているときに，その権利を否定することは正当ではなく，資産を持つ者が，そのあり余る財産の中から援助を与えることをしないで同胞を死滅させることは，いかなる場合にも罪であるとする。そして，正義が，自己労働による取得物に対する権原を与えるように，慈愛は，人が生存のための他の手段を持たない場合に，極度の欠乏から免れさせるための物を他人の剰余物に対して要求する権原をすべての人間に与えるとするのである（Locke, 1690 : 242-243, 邦訳 90-91）。

　同時にロックは，飢えている人に食料を与える場合，われわれは絶えずすべての人に食料を施す義務があるのではなく，貧しい不幸な人がわれわれの恵みを必要とし，かつわれわれの資力が慈善を与えうるときにのみその義務があるとも述べている（Locke, 1660-4 : 194-195, 邦訳 175）。つまり，慈愛を実行する義務は法的に強制されるものではなく，富者の良心に任されているのであり，貧民の生存権の保障もその限りでしかない。他方でロックは，エリザベス救貧法の理念を支持している。ロックにとって労働可能な貧民は慈愛の対象ではなく就労措置の対象である。そして，労働不能な貧民に対する公的扶助こそは，政府による慈愛の義務の実行ともみなしえよう[5]。

3．マルサスの救貧法批判・生存権批判

■ 救貧法批判

　『人口論』の著者マルサス（Malthus, T. R.）は，人口原理に基づいて救貧法を厳しく批判し，その廃止を主張したことで知られている。マルサスの人口原理とは，次のようなものである。人口の増加力は食料の増加力よりも強力である

が，人間は食料なくして生きることができない以上，人口を食料の水準に釣り
合わせるためのさまざまな妨げが作用する。それは，餓死，栄養不良，疾病，
戦争，遺棄など，死亡率を高めるように作用する妨げと，避妊，堕胎，結婚の
延期など，出生率を低めるように作用する妨げからなる。これらはいずれも悲
惨と悪徳であり，それらが蔓延している状態こそ，社会が貧困であるというこ
との内実である。人口の増加力が強ければ強いほど妨げの作用も強力であり，
悲惨と悪徳も増加する（Malthus, 1826：7-21, 邦訳 3-18）。これが人口原理である。
マルサスは，社会がこのような状態に陥らないためには，食料増産のための努
力（勤勉）と，道徳的抑制の実行（慎慮）が必要であるとする。道徳的抑制と
は，独身期間中の純潔を前提とし，子供を養うのに十分な資力を得るまで結婚
を延期することである。人口原理が作用しているもとでは，勤勉と慎慮が実行
されなければ，社会を貧困から救うことはできないとマルサスは強調し
（Malthus, 1826：447；472-486；524；562, 邦訳 512；539-555；638），それを根拠に救
貧法を批判する。

　マルサスが批判の対象としたのは，当時行われていたスピーナムランド制で
ある。マルサスは，賃金が最低生活費に満たない場合に与えられる金銭的な手
当ては，人々が貧困に陥ることを防ぐどころか，反対の結果をもたらすと批判
する。第1に，金銭的な手当の支給は，パンに対する有効需要を高め，その結
果パンの価格が上昇し，そのため，救済に頼らずになんとか自活してきた労働
者はこれまで通りにパンを買うことができなくなり，結局救済に頼らざるをえ
なくなってしまう。つまり，手当制度は，食料を増産することなく購買力だけ
を増やすにすぎず，かえって貧困を助長するということである。第2に，家族
員数に応じて最低生活費が算定され，それに応じて賃金との不足分が手当とし
て支給されるこの制度においては，大家族を持つことに対する抑制すなわち道
徳的抑制（慎慮）は働かず，また，家族を養うための食料を獲得する努力（勤
勉）も生まれない。第3に，雇い主は，低い賃金しか支払わなくても，不足分
は社会から手当として支給されるため，労働者に高い賃金を支払う努力を怠
り，低賃金が固定化する（Malthus, 1826：358-382, 邦訳 409-436）。

■ 生存権批判

　マルサスはこのようにスピーナムランド制を批判するとともに，その根底に
ある生存権の思想・被救済権の思想にも批判を加えている。マルサスは，生存
権や被救済権は所有権と両立せず，また，物理的に存在不可能であるとして，
これらの権利を否定している。生まれてくるすべての者に生存権を認めれば人
口は増加し，政府は，土地が生み出しうる最大量の食料生産のために，個々人
の所有権を侵害してまでも土地利用の自由を制限せざるをえない。一般的な善
の促進と人類の幸福の増進を目的とする所有権は，あらゆる実定法の中でもっ
とも自然なものであると考えるマルサスにとって，所有権を必然的に侵害せざ
るをえない生存権・被救済権は認めることのできないものであった（Malthus,
1826：369；467-468, 邦訳421-422；533-534, Malthus, 1830：237-238, 邦訳73-74）。ま
た，食料が増加するところでは必ず人口が増加するのであるから，貧民に食料
を与えて救済することは，人口増加を刺激する。しかし，人口の増加力は食料
のそれを上回るので，無限に増加する人口につねに食料を供給することは物理
的に不可能なのである（Malthus, 1826：369；460；584；590-591, 邦訳422；526-
527；661-662；667）。

　マルサスは，「自己の労働では正当に購入しえない場合の生存権」は存在し
ないも同然であり，人間の扶養は，「能力の問題」であって「権利の問題」で
はないと断じている（Malthus, 1826：504-506, 邦訳575）。マルサスは，怠惰で慎
慮を欠いた者は，困窮という自然の処罰と私的慈善という不確かな援助に任せ
るべきであるとする一方，怠惰で慎慮を欠いた生活習慣にはよらない困窮に対
しては，臨時的で劣等処遇的な性質の公的救済を与えるべきだとしている
（Malthus, 1826：516-517；562；邦訳587-588；639）。

　自己の労働によって得た財産によらずに生存権を主張することは，存在しえ
ない権利を主張することであるとするマルサスの主張は，ロックの労働所有権
論からのひとつの系論とみなすことができよう。スクロウプは，同じくロック
に依拠しながら，マルサスとは反対に，貧民の被救済権の正当性を主張するの
である。

4. スクロウプの救貧法論・被救済権論

▌相互保険の構想

　スクロウプは，1867年に退くまでの約30年間，ホイッグの下院議員として，自由貿易や移民問題，救貧法改革やアイルランドの貧困問題に取り組み，多数のパンフレットを著したほか，1833年に『経済学原理』を出版し，また，一時期，経済学関係のレヴュアとして『クォーターリ・レヴュ』誌上に多数の論文を寄せ，一貫した反マルサスの立場から，救貧法改革に関する自説を展開した人物である。スクロウプは，経済学史研究の上ではマイナーな存在として扱われているが，『経済分析の歴史』の中でシュンペーター（Schumpeter, J. A.）は，「スクロウプは，暇さえあれば刻苦勉励するような愉快きわまるイギリス人の一人であって，われわれの科学は（中略）この種の人物に非常に多くを負っている。（中略）失業保険案や公共事業の弁護（中略）に含まれている（中略）彼の分析的洞察は，〔その日付を考えると〕，彼をして当時の普通並みの経済学者の上に高く聳えさせる」と述べ，その功績を高く評価している（Schumpeter, 1954：489, 邦訳（3），1033）。

　シュンペーターが高く評価するスクロウプの「失業保険案」とは，次のような構想である。スクロウプ自身はそれを相互保険 mutual assurance と呼んでいるが，それは，労働者を苦境から守るための基金に拠出することを，すべての雇用者に義務づける制度である。日雇用，週雇用，年雇用の別なく，使用人や職人や労働者など他人の労役を雇い入れる者は，賃金に比例した保険料を居住する地区の保険基金に拠出しなければならない。そのさい，個々の被雇用者を特定し，詐欺を避けるようにする。保険金の支払いは，たとえば，被雇用者が20歳になってから始まるものとし，被雇用者が20歳以上の男性の場合，支払われる保険金は，寝たきりの病気の場合は週6シリング，歩行可能な病気の場合は週3シリング，60歳以上になると年金として週3シリング，死亡した場合は一時金として10ポンド，などとする。雇用者が拠出する保険料は，このような給付を可能にするだけの額でなければならない。被雇用者が女性また

は20歳以下の場合の保険料は，成人男子の場合の半分などとする。そして被雇用者が転職する場合には，保険の継続性を担保するため，それまでその者の名で拠出された保険金額や氏名が記された証明書を発行することとしている（Scrope, 1833：315-319）。

　スクロウプは，この先駆的な相互保険構想を，新しい時代の救貧法として提示している。それを支える理念は，次のようなものである。労働者を雇用するための費用は，年齢や障害や事故によって自分では生活してゆくことのできない労働人口を支えるのに必要なものを含むべきであり，そのための支出は，彼らの労働によって利益を得てきた者が負担すべきものである。他方，給付を受ける者は，これまで彼らに支払われていなかった正当な稼ぎの一部分を，彼らがそれをもっとも必要としている時に受け取るにすぎないと考えることができ，救済を受けることに対する堕落感や屈辱感を伴わずに済むのである。そして，盗みや暴力から人々を保護するために，国家が諸個人に課税することが正当であるのと同様，人々を欠乏や飢餓から守る目的で保険料の拠出を国家が義務づけることもまた正当なこととみなされるのである（Scrope, 1833：317-323）。

▌自由労働制と被救済権

　ここには，「最低生活水準までの給付を，資力調査なしに権利として与える」（Beveridge, 1942：7, 邦訳5）としたベヴァリッジの社会保険の理念を彷彿とさせるものがあるが，スクロウプにとって，新しい救貧法としてこの制度を設けることは，貧民の被救済権の法的承認を意味していた。スクロウプは，近代社会において，貧民の被救済権がひとつの自然権として認められねばならない理由を，次のように説明している。

　近代社会の経済は自由労働制に基づいている。自由労働制とは，封建制のもとでの農奴身分から解放された自由な賃金労働者が，資本家との自発的な契約に基づいて労働を行う制度である。この制度によって労働者は，より高い賃金を求めての契約の自由，移動や職業選択の自由を獲得したが，その反面，封建制のもとで土地と一体のものとして領有されていた農奴たちに与えられていた領主の保護を失うことになった。その結果，自由労働者は，労働需要の減退や

労働不能となることなどにより，容易に苦境に陥る。そのため，労働者階級の境遇に対する特別の配慮と，欠乏から生じる苦境を防ぐための援助が，政府に課せられた義務となるのである（Scrope, 1833：299-302）。

　政府のこの義務は，労働者の被救済権と表裏一体のものである。スクロウプは，人間の自然権として，「人格的自由に対する自然権」，「創造主の恵みに対する自然権」，「財産に対する自然権」，「善き政府に対する自然権」の４つを挙げ，善き政府による賢明な統治のもとで他の３つの自然権が保証されてこそ，一般的福祉は増進するとしている（Scrope, 1833：13-27）。被救済権は第２の自然権である「創造主の恵みに対する自然権」から導き出されてくる。「創造主の恵みに対する自然権」とは，神が人類に与えた共有ファンドたる土地から，自らの労働によって生計の資を得る権利である。しかし，土地囲い込み法は，労働者を土地から切り離して自由労働者とする反面，土地の徹底的な占有化・私有化によって，この権利の行使を不可能なものにしたのである。そのような状態の下で労働者が苦境に陥ることがあるとするならば，自由労働制から多大な利益を得ている社会は，何らかの見返りとなるべき権利，すなわち被救済権を認めなければならないのである（Scrope, 1833：304-305）。

　スクロウプの言う「創造主の恵みに対する自然権」および被救済権は，人間は神が人類の生存のために与えた地上の資源に対する権利を持ち，自己労働を通じてそれをわがものとして所有し利用することができるとしたロックの労働所有権論の系論に他ならない。ロックが，貧民の救済は権利の問題ではなく慈愛の問題であるとしたのに対し，スクロウプはそれを貧民の権利の問題として提起している。それはまた，貧民の救済は権利の問題ではなく能力の問題であるとしたマルサスへの批判でもある。

▌ マルサス批判

　マルサスが救貧法批判・生存権批判の論拠としたのは，人口原理であった。貧民の被救済権の正当性を主張するスクロウプにとって，マルサス人口原理の批判は避けて通ることのできないものであった。スクロウプはまず，現在では，全国民に食料を供給するのに，従来のわずか３分の１の人口で足りている

という事実を挙げ，農業科学の進歩により，それまでもっとも豊かな土地で生産されたのと同量の穀物を，より少量の資本と労働で生産することが可能となっていると主張する。さらに，世界には現在もなお広大な未耕地が存在しており，それらが，改良された農業技術で耕作されれば，現在の何百倍，何千倍という人口を養うことができるだろうと述べ（Scrope, 1833 : 264-270），食料の供給には必然的な限界はなく，またその限りにおいて，人口の増加に対する必然的な限界もないと結論づけるのである（Scrope, 1833 : 276）。

　マルサスは貧困の原因を，食料の増加力を上回る人口の増加力に求めたが，それを否定するスクロウプは，それでは貧困の原因を何に求めたのであろうか。それは，政府による誤った資源管理である。具体的には，10分の1税，小土地所有を否定するような囲い込み法，原材料に対する課税，必需品などに対する直接の課税，国内消費税，そして工場法を挙げている。ここでスクロウプが，児童労働を禁じた工場法に否定的な態度を示している点が注目される。スクロウプは，それが時代の要請から出たものであることを認めつつも，労働者に十分な報酬が与えられ，子供の労働がなくても十分に家族を養うことができるような「事物のより自然な状態」が実現すれば，このような介入は必要ないと述べている。子供の健康は，政府ではなく両親の配慮に委ねられるべきだとするスクロウプにとって，工場法はこの「自然な状態」の実現を阻むものであり，また産業への直接の介入という非難されるべき原理の復活と映ったのである（Scrope, 1833 : 340-59）。

　ここにわれわれは，労働者の被救済権を認めつつ，自由労働市場の政府からの完全な独立性を求めるという，大沢の指摘する近代資本主義の出発点を「宣明する」理念の表明を見ることができるであろう。

5. 生存維持のパラダイム／〈労働〉─〈所有〉─〈生存〉

　ロックの労働所有権論は，慈愛に基づく生存権論，被救済権論，あるいは生存権否定論など，生存権論のさまざまなバリアントがそこから流れ出てくる源泉である。それは，ロックの労働所有権論によって，生存維持に関する近代社

会に特有のパラダイムが定礎されているからにほかならない。すなわち，自らの意思による自由な労働によって私有財産を形成し，その私有財産によって自身の生存を維持するという強固な思想である。

ロックは，所有権を生存権によって基礎づけているが，その生存権の保障は，〈労働〉─〈所有〉─〈生存〉という因果系列の正常な進行に依存している。しかし，失業や疾病，加齢により労働不能となれば財産を所有することはできず，生存を維持することができない。あるいは，労働によって財産を得たとしても，必要を満たすのに十分でなければ，やはり生存を維持することはできない。失業保険，健康保険，年金，生活扶助などを含む総合的な社会保障制度は，この因果系列の正常な進行を保障するための施策に他ならない。救貧法体制もまたその役割を担うものであった。

被救済権を理論的に根拠づけ，それを相互保険制度という新たな時代の救貧法によって制度化しようとしたスクロウプの主張は，経済社会の変化に対応してこのパラダイムを再構築しようとする試みに他ならない。ワーク・フェア（就労を条件とした福祉の給付）やベーシック・インカム（就労と切り離した最低所得保障）の構想も，現代における同様の試みとみなせよう。われわれは，21世紀の日本において，「豊富の真っ只中で飢餓に陥ることからは守られなければならないという権利」（Scrope, 1829：16）を保障するためのどのようなパラダイムを作り上げるべきであろうか。英国の経済思想はつねに救貧法と向き合ってきた。そこに蓄積された生存維持のための公的救済のあり方をめぐる豊富な議論は，現代のわれわれにとっても学ぶべき意義を失ってはいない。

【注】

1）1601年のエリザベス救貧法は，浮浪や物乞いを禁じ処罰の対象とすると同時に，教区の救貧税を財源とし，教区が実施主体となって，扶養能力のない貧民の児童，労働能力のある貧民，労働能力のない貧民のそれぞれに対し，徒弟奉公，強制就業，生活扶助の手段をもって対処すべきことを定めた法律である。

2）スピーナムランド制とは，1795年にバークシャーのスピーナムランドで導入された救貧制度であり，その時々のパンの価格と家族員数から労働者家族の週の最低生活費を定め，

賃金がそれに満たない場合は，教区の救貧税から不足分を補助するという救貧制度である。

3）1834 年の新救貧法は，従来，教区を単位に地方自治体ごとに行われていた救貧行政の中央集権化を図るとともに，貧民の救済はワークハウス内で行うという原則（院外救済禁止の原則），救済を受ける貧民の処遇は，最低の独立労働者の状態以下にしなければならないという原則（劣等処遇の原則）を定めた。

4）スクロウプの他に，リード（Read, S.），ロイド（Lloyd, W. F.），ロングフィールド（Longfield, M.）を挙げることができる。彼らの主張の詳細については，森下（2001）を参照されたい。

5）ロックの生存権論，救貧法論については，渡邊（2020）を参照されたい。

参考文献

Beveridge, W.（1942）*Social Insurance and Allied Services. Report by Sir William Beveridge*.（一圓光彌監訳『ベヴァリッジ報告　社会保険および関連サービス』法律文化社，2014 年）

Hont, I., Ignatief, M.（1983）"Needs and Justice in The Wealth of Nations", in, Hont and Ignatief（eds.）*Wealth and Virtue: The Shaping of Political Economy in the Scottish Enlightenment*, Cambridge University Press 1983（坂本達哉訳「『国富論』における必要と正義——序論」〔水田洋・杉山忠平監訳『富と徳　スコットランド啓蒙における経済学の形成』未来社，1990 年，所収〕）

Locke, J.（1660-4）*Essay on the Law of Nature*. In; W. v. Leyden,（ed.）*John Locke: Essays on the Law of Nature. The Latin Text with a Translation, Introduction and Notes, Together with Transcripts of Locke's Shorthand in His Journal for 1676*. Clarendon Press, 1958.（浜林正夫訳「自然法論」〔田中浩他訳『世界大思想全集　ホッブズ・ロック・ハリントン　社会・宗教・科学思想編 2』河出書房新社，1964 年，所収〕）

Locke, J.（1690）*Two Treaties of Government*. In; *The Works of John Locke. A New Edition Corrected*. Vol.5, 1823.（加藤節訳『完訳　統治二論』岩波文庫，2010 年）

Marshall, T. H.（1963）*Sociology at the Crossroads and Other Essays*. Heinemann.（岡田藤太郎・森定玲子訳『社会学・社会福祉学論集　「市民資格と社会的階級」他』相川書房，1998 年）

Malthus, T. R.（1826）*An Essay on the Principle of Population; or a View of Its Past and*

Present Effects on Human Happiness; With an Inquiry Into Our Prospects Respecting the Future Removal or Mitigation of the Evils Which It Occasions, 6th ed., 1826. In; E. A. Wrigley and D. Soudeen（eds.）*The Works of Thomas Robert Malthus*, vol.2, 3, William Pickering, 1986.（大淵寛・森岡仁・吉岡忠雄・水野朝夫訳『人口の原理［第6版］』中央大学出版部，1985年）

Malthus, T. R.（1830）*A Summary View of the Principle of Population*. In; E. A. Wrigley and D. Soudeen（eds.）*The Works of Thomas Robert Malthus*, vol.4, William Pickering, 1986（小林時三郎訳『マルサス人口論綱要』未来社，1971年）

Schumpeter, J. A.（1954）*History of Economic Analysis*. Oxford University Press.（東畑精一訳『経済分析の歴史（1）〜（7）』岩波書店，1955-62年）

Scrope, G. P.（1829）*Plea for the Abolition of Slavery in England as Produced by An Illegal Abuse of the Poor Law Common in the Southern Counties*.

Scrope, G. P.（1832）"Senior's Letter on the Irish Poor" *Quarterly Review*, 46（Jan.）

Scrope, G. P.（1833）*Principles of Political Economy. Deducted From the Natural Laws of Social Welfare, and Applied to the Present State of Britain*.

Thomas Aquinas（1975）*Summa Theologiæ: Latin Text and English Translation, Introductions, Notes, Appendices, and Glossaries*, vol.38（稲垣良典訳『神学大全18』創文社，1985年）

伊藤周平（1994）『社会保障史　恩恵から権利へ　イギリスと日本の比較研究』青木書店。

大沢真理（1986）『イギリス社会政策史　救貧法と福祉国家』東京大学出版会。

森下宏美（2001）『マルサス人口論争と「改革の時代」』日本経済評論社。

渡邊裕一（2020）『ジョン・ロックの権利論　生存権とその射程』晃洋書房。

第**4**章

農業政策を巡る EU と英国の関係
―直接支払いに関連して―

豊　嘉哲

　EU（European Union）からの離脱に成功した英国は，それ自身で政策を決定できるようになった。それゆえ，EU の統一的政策の典型例，共通農業政策（the Common Agricultural Policy）もまた，移行期間を経て英国独自の農政に置き換えられる。

　本章は直接支払いと呼ばれる補助金に着目する。これは 1992 年から EU で活用されはじめ，現在では農家の所得支援の重要な手段となっている。ところが EU 離脱後の英国では，それは縮小または廃止される（スコットランドで継続される）。この変化が英国の農場の収入をどのように左右するのかについて，共通農業政策を研究対象としてきた者の立場で論じたい。

　第 1 節では共通農業政策の成立の経緯と，英国がそれに参加した際に与えた影響を述べ，第 2 節では共通農業政策における直接支払いを説明する。最後に，離脱後の英国における直接支払いの廃止の過程とその影響を論じる。

1．共通農業政策の成立と英国の参加

■ 欧州統合の開始―平和と経済復興―

　英国の EU からの離脱，いわゆるブレグジットは英国時間 2020 年 1 月 31 日23 時に完了し，同年大晦日 23 時には移行期間も終了した。英国が別れを告げた EU はどのようにして誕生したのかについての簡単な説明から始める。

　EU およびその前身となる諸組織[1] を設立し運営する過程を欧州統合と呼ぶ。欧州統合は第二次大戦後に欧州の平和を求める 6 カ国（ベルギー，ドイツ，

フランス，イタリア，ルクセンブルグ，オランダ）によって始められた。それらが最初に生み出した組織は欧州石炭鉄鋼共同体（1951年調印，53年発足）である。これは，戦争遂行に必須の資源である石炭と鉄鋼を6カ国で共同管理することにより，戦争の可能性を消すことを目的としていた。EU加盟国としての英国がEUに対して常に抱いていた不満の一つ，すなわち自国の事項を自国だけで決定することができない場合があるというEUの約束は，すでに欧州統合の最初期から存在していた。

　欧州統合の原加盟6カ国は，欧州石炭鉄鋼共同体という平和の礎を生み出すと同時に，経済復興の仕組みも求めた。外国と貿易する際，通常さまざまな制限が国境で課されるが，6カ国は相互の貿易が国内取引と同様となるように制限を撤廃していった。6つに分断されていた市場を巨大な単一市場にまとめることにより，経済復興の実現が目指された。欧州経済共同体という形で1958年に実現した巨大単一市場は，その内部に立地する企業にとって潜在的な顧客の増加を意味する。したがって企業は大量生産のための設備投資を決断しやすくなり，それが実施されれば生産費用の低下や国際競争力の向上が生じると期待された。

■ 欧州統合，経済復興，そして共通農業政策

　単一市場の形成による経済復興を目指すにあたり，ある懸念が存在していた。それは賃金水準の格差である。関税などの貿易制限を課すことができる場合，低賃金国の生産物に何らかの制限を課せばその輸入量を減らすことができる。しかし欧州統合を開始した6カ国は相互に制限を撤廃したため，それを実行できない。単一市場内の競争が，将来的な経済発展のために，賃金ではなく企業の技術によってなされるには，賃金水準が揃えられる必要があった。この要請は6カ国における農産物価格の統一の後押しとなった。なぜなら賃金水準は生活水準，したがって主食農産物の価格と密接に関係しているからである。

　こうした事情もあり，欧州統合に参加する全加盟国に共通の農業政策，つまり共通農業政策は，経済復興のための単一市場の創設と並行して統合初期から実施されることになった。もちろん賃金均等化の要請だけが，共通農業政策の

成立を促し，その内容を規定したわけではない。例えば1950年代にはかなり
の人口が所得と就業先を農業に頼っていたことも，共通農業政策の成立要因の
一つに挙げられる[2]。

　では共通農業政策はどのような具体的措置を備えてスタートしたのか。すで
に述べたとおり，主食となる農産物の価格を6カ国で揃えること，換言すれば
共通の最低保証価格を設定する[3] 必要があった。そのため共通農業政策では，
安価な外国産農産物への厳しい輸入制限に加えて，余剰農産物の政府による全
量買取りが制度化された。なぜならそれが放置されれば生産者はその投げ売り
を行い，農産物価格が国ごとにばらつく可能性が生じるからである。

　初期の共通農業政策の内容を要約しておこう。主要な3点の構成要素は，す
でに述べた2点，すなわち安価な農産物の輸入制限，余剰農産物の税金による
全量買取り（買い取られた農産物は，これまた輸出補助金という名目の税金に基づい
て輸出された），そして財政の連帯である。この第三の要素は，ある国の余剰農
産物を買い取る際その国が資金を負担するのではなく，どの国の購入であれ
EU共通の基金から支払うことを意味する。したがって，ある国は基金に事前
に拠出した額よりも多くの金銭を余剰農産物の販売によって受け取り，別の国
はその逆で赤字になるということが起こりえる。

　このような共通農業政策には，ある火種が含まれていた。それは，共通農業
政策が農家の所得支援を一つの目的としていたため，共通の最低保証価格が高
水準で維持されたことである。この事実は，過剰生産を誘発するがゆえに余剰
農産物の購入に充てられる税金を年々膨らませていき，それにつれて納税者か
ら共通農業政策への批判も厳しさを増していった。

■ 英国の欧州経済共同体への加盟と共通農業政策

　ここではまず英国の欧州統合への参加の経緯に触れ，次にそれが共通農業政
策に与えた影響を論じる。

　1961年，英国はEUの前身である欧州経済共同体への加盟を申請する[4] が，
これはフランスのドゴール（de Gaulle, C.）大統領に拒否された。1967年の加盟
申請についても結果は同じだった。1969年にドゴール大統領が退陣し，翌年

の三度目の加盟申請は，英国の欧州経済共同体への加盟（1973年1月1日）へとつながった。

1974年の総選挙で英国の政権が保守党から労働党に替わると，新首相ウィルソン（Wilson, J. H.）は加盟条件の再交渉の意向を示した。その主たる理由の一つは，欧州経済共同体の予算への拠出額が受取額よりも多く，英国の予算上の負担が他の加盟国よりも重かったことである。

拠出面での英国の過大な負担は次のように説明される。欧州経済共同体は関税同盟[5]であったから，同盟外からの輸入に対して域外共通関税を課す。英国はコモンウェルス諸国から多額の輸入をしていた。それゆえ必然的に他の加盟国よりも多くの域外共通関税を課した。それを欧州経済共同体は予算として利用していたため，英国の拠出額は多くならざるをえなかった。他方で，受取額が少なかった理由は共通農業政策にあった。当時，欧州経済共同体の歳出のおよそ7割がこの政策に充てられる一方で英国の農業部門は比較的小さかった。したがって英国の受取額は少額に抑えられた。

ウィルソン政権は実際に加盟条件の再交渉を行った[6]のだが，その結果ははかばかしいものではなく，その後も欧州経済共同体の予算に対する英国の不満は続いた。1981年にギリシャが欧州統合に参加し，それが10カ国で構成されるようになったとき，英国は3番目に貧しい国だったにもかかわらず予算面での貢献は最大だった。不満が解消されるのは，サッチャー（Thatcher, M. H.）首相が1984年に払い戻し制度を勝ち取ったときである。これにより英国は，予算に対する自国赤字分の約66%の取り戻すことができるようになった（庄司，2016：144-149）。

英国の加盟は次の2点で共通農業政策に影響を与え，その財政面での破綻の回避に役立った。第1に過大な予算の負担である。前項末で述べたとおり，この政策には多くの税金が投じられると同時に，財政の連帯が原因で費用負担のアンバランスが伴っていた。このアンバランスから生じる対立は，過大な費用負担をしてくれる英国の加盟により緩和された。第2に，食料輸入国英国は，その輸入元をコモンウェルス諸国から大陸欧州諸国に転換していったため，大陸欧州における過剰生産問題は軽減されていった。このように，英国の加盟は

共通農業政策の懸案の解決を先送りすることに貢献した。

　英国の加盟の影響，しかも長期に及ぶ影響は，条件不利地域という考え方を共通農業政策に持ち込んだ点にも見られる。農業に関連して英国政府を特に悩ませたのは，高地（hill and upland）農業への支援を加盟後も継続できるかどうかだった。欧州統合を始めた 6 カ国の見方では，この種の支援は競争歪曲的であり，したがってローマ条約[7]と両立しないと思われた。両者の対立は 1975 年に採択された条件不利地域指令[8]を通じて解消された。元々それは山岳地域指令として検討が始められ，その際フランスは英国の高地を排除できるような定義をしつこく求めていた。しかしながら，海抜だけではなく緯度も重要であるという英国の強調が賛同を獲得し，その高地農業への支援は条件不利地域指令により維持可能となった。この指令は英国の政策が共通農業政策に取り込まれたことを明確に示す事例となった。というのは，条件不利地域の地位を自国農家への追加的補助金を確保するための一手段であると他の加盟国が見なすようになった結果，その指定を受ける地域が増加したからである。EU で利用されている農地の 56% が，1995 年までに条件不利地域となった（Grant, 1997：72-73）。

2．共通農業政策における直接支払い

▌1992 年共通農業政策改革と英国

　英国の加盟により先送りされた共通農業政策の懸案の除去は，1990 年代に入ってから着手された。なぜこの時期かと言えば，ガットの関税交渉，ウルグアイ・ラウンド（1986 年～ 94 年）が開かれていたからである。この交渉の舞台で米国などの農産物輸出国が保護主義的な共通農業政策を強く批判したことが，それへの欧州内部からの批判，すなわち高水準の最低保証価格が過剰生産という資源の無駄だけではなく，その対処に税金が使われるという財政上の無駄も生んでいるという批判を後押しし，ついに 1992 年にこの政策は改革されるに至った。

　改革の内容は，第 1 に過剰生産対策としての減反と休耕である。第 2 に，過

剰生産対策であると同時に外国からの要求への対応でもある，最低保証価格の引き下げである。これは EU 向け農産物輸出国にとって，関税の負担の減少を意味する。第3に，本章の焦点である直接支払いの大規模な活用である。直接支払いとは文字通り農家に直接支払われる補助金だが，これは当初，直接補償支払いと呼ばれていた。「補償」の文言が入っていた理由は，第1および第2の改革内容のみが実施されれば，農家の所得は著しく低下するため，その補償を目的として直接支払いが活用されることになったからである。直接支払いについては次項で詳述する。

　英国は共通農業政策の 1992 年改革にどのように関わっただろうか。この改革が実施される一年前，EU の行政組織である欧州委員会は，農業補助金総額の 80％が全農家の 20％に支払われていると論じ，上記3つの改革だけではなく，補助金の大規模農家への偏り[9]を是正するという改革も実行しようとした。具体的には，直接支払いによる所得補償が受けられる農地面積の上限を 7.5 ヘクタールにすると提案した。ところが英国はこの提案をドイツとともに潰してしまった。これを格好の事例として英国は，政策変更の提案が自国の特別な利益を害する場合にはその内容を薄めて無害化することにかけて最も秀でた国の一つであると評されている（Grant, 1997：77：214）。

▌直接支払いとその受給条件

　直接支払いは，その開始の理由が所得補償であったという事実から明白だが，EU 加盟国の農場経営者の所得を支えてきた。英国もその例外ではなく，2019 年の英国の直接支払い額は 30 億ユーロ[10] にも達した[11]（図表4-1を参照）。しかしブレグジット後，それはスコットランドで継続されるのに対して，イングランドとウェールズでは廃止，北アイルランドでは縮小される。それゆえブレグジットは英国農業に大きな影響を与えると考えられている。この影響については第3節で論じる。

図表4－1　英国における直接支払いの推移

受給者（社）数
（1,000 件）　　　　　　　　　　　　　　　　　　　　（100 万ユーロ）

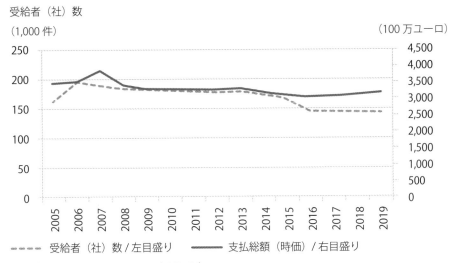

```
- - - - 受給者（社）数／左目盛り　　──── 支払総額（時価）／右目盛り
```

出所：European Commission（2020: 64）.

　ブレグジットの時点で，すなわち 2014 ～ 2020 年の EU 多年度財政枠組みにおいて，EU は次のような形で直接支払いを実施していた[12]。それは基礎的支払いと上乗せ支払いに大別される。前者では支払単価（ヘクタール当たりの支払額）にしたがって各受給者の受給額が決められた。後者は一定の要件を満たさなければ受け取ることができない直接支払いであり，これは4種類に分けられる。第1に，グリーン化支払いである[13]。これは気候変動と環境に有益な措置を実施した基礎的支払い受給者に支払われる。第2に，青年農業者支払いである。これは 40 歳以下の農業者が経営を立ち上げたときから5年間支給される。これら2つの上乗せ支払いは，採用が各加盟国に義務づけられている。それに対して，次に述べる2つの上乗せ支払い，すなわち自然制約地域支払いと再分配支払いの実施は加盟国にとって任意である。山岳地域など，自然制約に直面している地域の農業者を対象とするのが自然制約地域支払いであり，各農業者が所有する 30 ヘクタールまたは各国の平均規模以下の農地に対して支給されるのが再分配支払いである（勝又，2016：4）。

　話を基礎的支払いに戻す。これの受給を申請する農場主や農地所有者は，ク

ロス・コンプライアンスと呼ばれるルールの遵守が義務づけられる[14]。それは気候変動や環境に加えて，公衆衛生や動植物の健康，動物福祉，そして農地の状態に関するルールであり，根拠法にしたがって2つに分けられる。一方は法定管理要件（Statutory Management Requirements）であり，EUの法律がその

図表4-2　イングランドの良好な農業・環境条件（2020年）

1	水路沿いの緩衝幅の設置 緩衝幅の維持により，農業由来の汚染と流出から水路を保護する。
2	水の抽出 内陸や地下の水源を保護する。
3	地下水 有害または汚染された物質から地下水を保護する。
4	最小限の覆土の実施 最小限の覆土によって土壌を保護する。
5	土壌流出の最小化 実際的な措置を適切に行うことにより，土壌流出に歯止めをかける。
6	土壌内の有機物の水準の維持 適切な実践を通じて土壌内の有機物を維持する。
7a	境界 生け垣，石垣，土や石でできた土手など，境界を示すものを保護する。
7b	通行権 公共の小道，乗馬道，制限付きの脇道，誰もが通行できる脇道を通行する権利を維持する。
7c	樹木 樹木伐採の免許や樹木保存命令（Tree Preservation Order）の規定を満たすことにより，樹木を保護する。
7d	特別科学関心地区（Sites of Special Scientific Interest: SSSIs） 特別に重要な，植物相，動物相，または地質学上もしくは自然地理学上の特徴を有する場所（特別科学関心地区）を保護する。
7e	指定モニュメント 考古学のまたは歴史的な関心を理由として，デジタル・文化・メディア・スポーツ省が法的保護を与えた，国の重要な場所を保護する。

出所：Guide to cross compliance in England 2020（https://www.gov.uk/guidance/guide-to-cross-compliance-in-england-2020）. 2021年10月15日閲覧。

根拠となっている。したがって，このクロス・コンプライアンスの大枠は全ての加盟国に共通している。他方，良好な農業・環境条件（Good Agricultural and Environmental Conditions）と呼ばれるクロス・コンプライアンスもあり，これは各国の法律に規定される。それゆえこちらではその国の政策の方向性が一層明確となる。英国に関して言えば，環境・食糧・農村地域省が担当するのはイングランドの良好な農業・環境条件だけであり，ウェールズ，スコットランド，北アイルランドではそれぞれの法律に基づいて良好な農業・環境条件が基礎的支払いの受給者に義務づけられる。2020 年のイングランドにおける良好な農業・環境条件については，図表 4 - 2 を参照。

3．ブレグジット後の直接支払いと農場所得

▌ブレグジット後の直接支払いの減額─イングランドの政策変更─

　ブレグジットに伴う農業政策の変更を英国全体について論じることは難題である。2020 年 11 月に成立した農業法 2020 にブレグジット後の農業政策が定められたが，ウェールズ，スコットランド，北アイルランドは農業に関する権限を委譲されているため，それらにおいて農業法 2020 の適用が異なる。その一方で，全部または一部において法制上の共通枠組みの検討が必要な分野に農業支援を含めることに関して，それらと英国政府は合意している。英国農業政策のこうした複雑な事情については桑原田（2021：4-6）を参照。

　ここではイングランドの農業政策について，DEFRA（2019, updated in 2021）に基づき概観する[15]。その書き出しによれば，英国農政は 2021 年から 7 年をかけて，共通農業政策を離れて新農政に移行するが，新アプローチでは環境の改善，動物の健康および福祉の改善，ならびに炭素放出の削減に貢献した農家に報酬が支払われることになる。これを実現するため新たな計画と補助金を設置する一方で，その財源を生むために直接支払いの基礎的支払いの減額が行われる。

　環境・食糧・農村地域省の計画では，直接支払いの減額は 2021 年に開始され，2028 年以降，直接支払いは廃止される[16]。全ての直接支払いが減額の対

象となり，減額率には所得税と同様の累進性が適用される。直接支払いの額と
減額率の対応について図表4－3を参照。図表4－4は直接支払いが2021年
から24年にどのように減少するかを示す。例えば，減額なしの場合に5,000
ポンドの直接支払いは2024年には2,500ポンドに，16万ポンドは6万2,000
ポンドに減らされる。

図表4－3　直接支払いの減額率

受給額	減額率（％）			
	2021年	2022年	2023年	2024年
3万ポンドまで	5	20	35	50
5万ポンドまで	10	25	40	55
15万ポンドまで	20	35	50	65
15万ポンドを超過	25	40	55	70

出所：DEFRA（2019, updated in 2021: 7）.

図表4－4　直接支払いの減額の推移

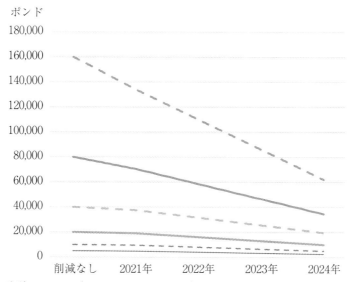

出所：DEFRA（2019, updated in 2021: 8）.

　2024 年から直接支払いの一形態としてデリンクト支払い[17] を導入することが，環境・食糧・農村地域省により計画されている。農家は基礎的支払いまたはデリンクト支払いの一方しか受け取ることができない。後者を選択した農家は，農場経営を完全に止めてしまってもその支払いを 2027 年まで受けられる。その額は当該農家の基礎的支払いの受給歴に基づくことになる。基礎的支払いを受け取る農家は，環境，動植物の健康および動物福祉の基準を守って営農しなくてはならないが，その基準は EU 加盟時のクロス・コンプライアンスとは異なるものになる。

　2022 年には，営農を止める農家を対象とした一括支払いが導入される予定である。これにより基礎的支払いまたはデリンクト支払いの受給資格を持つ農家は離農の際に，その後受け取る予定だった支払いを一括で受け取ることができるようになる。

　減額措置などの直接支払いの改革により，他の用途に向けることが可能となった金銭は，農業環境のための環境土地管理スキーム，動物の健康と福祉，スラリー（発酵させた家畜の排泄物）投資などのために利用される。

　環境土地管理スキームは，持続可能な営農インセンティブ，各地の自然回復スキーム，景観回復スキームという，環境面での裨益に報酬を与える 3 つの新措置で構成される。持続可能な営農インセンティブは，環境の観点から持続可能な土地管理を実施した場合に報酬を提供する。これは 2022 年に基礎的支払いの受給者のみを対象として開始され，2024 年になると全農家が対象となる。各地の自然回復スキームと景観回復スキームはともに，2022 年に試験的に開始され，2024 年から本格的に実施される。前者は，各地の自然回復を支援し，環境面での優先事項を実現させた農場主や土地管理者に報酬を与えるものである。後者は，長期にわたる土地利用の変更を目的としており，それぞれの計画に応じて詳細を取り決めることになる。適切とみなされれば，景観回復スキームの下で土地が野生状態に戻されることもある。

　動物の健康と福祉のために環境・食糧・農村地域省は，動物の健康と福祉に至る経路という名称の企画を，これに関係する多様な農家やその他関係者の協力を得て 2021 年に示す。これは 2022 年から本格実施され，獣医の訪問への金

銭的支援など，上記目的を達成するための措置が導入される。

　営農に伴って生じる汚染を削減するため，スラリーの貯蔵所の新設が支援される（スラリー投資スキーム）。現行基準どころか，将来さらに厳しくされる基準をも満たすような貯蔵所の新設に投資する農場主に対して 2022 年から援助が実施される。

　環境・食糧・農村地域省は EU の政策から離れ，同省が望ましいと考える営農や農村の状態の顕現を促すために，直接支払いの減額を通じて必要な資金を捻出する。これがどのような影響を生み出すかについて次項で考える。

▌ 直接支払い減額の影響─Ojo, *et al.* （2021）を手がかりとして─

　ブレグジット後の農業政策や貿易政策の変更が英国の農家の所得にどのような影響を与えるかを検討した先行研究としてオジョー（Ojo, *et al.*, 2021）がある。その結論によれば，農家の規模や属する行政区域（イングランド，ウェールズ，スコットランド，北アイルランド）によって影響の現れ方は異なるが，ブレグジット後に農家の存続可能性を高める上で最重要の要因は，農場主およびその配偶者の非農場所得（すなわち農場以外での働き口を確保していること）である。それに次いで，農業政策の内容（とりわけ直接支払いの有無）と EU およびその他世界との貿易関係が影響力を持っている。ここではオジョー（Ojo, *et al.*, 2021）の直接支払いに関する分析に着目する。

　オジョー（Ojo, *et al.*, 2021）では英国と EU のブレグジット後の貿易関係について 3 つのシナリオが設定される。第 1 に，両者が自由貿易協定を結び，その他世界に対して共通の関税表を用いるシナリオである。第 2 に，英国が EU を含む世界全体に対して関税率をゼロにするシナリオである。第 3 に，WTO の最恵国待遇が適用されるシナリオである。これら 3 つのシナリオがそれぞれ，直接支払いが継続される場合と廃止される場合に分けて検討される。これらのシナリオの比較対象となる基準シナリオは，英国が EU 加盟を継続し，2019/20 年に EU で支払われる直接支払いが英国にも適用される場合である。シミュレーションは 2017 年から 2026 年の期間で実施され，直接支払い廃止のシナリオでは 2020 年からそれが定額で削減されはじめ，2025 年に支払われな

くなると仮定された。

　直接支払いが廃止される場合にのみ目を向けると，3つのシナリオのいずれにおいても，また英国全体およびその4つの行政区域のいずれにおいても，農場収入が基準シナリオのそれを超えることはないというシミュレーションの結果が示されている（Ojo, *et al.*, 2021：1589, Figure, 2）。つまり直接支払いの廃止は農場経営の存続を揺るがせるということになる。もちろんこの結果が依拠する仮定は現実の英国の状況に完全一致するわけではないが，この文献は重要な示唆を提供していると言ってよいだろう。

　EUに目を向けると，2019年12月に欧州グリーン・ディールを公表し，翌年5月にはそれに関連付ける形で，農場から食卓までを包括的に扱う農業と食品の政策方針（Farm to Fork strategy）を提示した。これは共通農業政策のさらなる改革を予想させるが，直接支払いの今後の扱いがそこでの焦点となろう。ヒル（Hill, 2020：65）の指摘にあるように，EUが直接支払いを共通農業政策の主要手段として残すべきか否かを判断する上で，英国，特にその農場の収入の70%を生み出すイングランドにおける直接支払いの廃止とその後の事態の展開は有益な情報をEUに提供することになるだろう。このような意味で英国の農政はEUの農業関係者から目が離せないものになっている。

【注】
1）本稿ではEUの前身となる組織にもEUの表記を充てる場合がある。
2）共通農業政策の成立の詳細については豊（2016: 11-13）を参照。
3）EU加盟国の多くが共通通貨ユーロを自国通貨に採用する現在とは異なり，当時の農産物価格は各国通貨建てで表記されたため，価格の共通化は為替変動の影響を受けた。それを小さくする制度（通貨変動調整金）も導入されたが，これは為替変動が激しくなるにつれて複雑になっていった。英国がオプトアウトしたユーロの創設の背景には，為替変動が共通農業政策の運営を厄介なものにするという事実も存在していた。通貨変動調整金については Fennell（1987: Ch.6）を参照。
4）1950年代，英国は欧州石炭鉄鋼共同体および欧州経済共同体に参加するよう招かれたが，英国が拒否している。
5）関税同盟とは，その内部では互いに関税を課さず，その外部の国に対しては共通の関税

を課すという複数国のまとまりである。関税及び貿易に関する一般協定（通称，ガット）第 24 条により定められる。

6）加盟条件の再交渉が妥結した後，英国は加盟を継続するか否かの国民投票を行い（1975年 6 月 6 日），加盟継続を決めた。

7）ローマ条約は，共通農業政策を含む欧州経済共同体を設立した条約である。

8）指令とは，EU の法律の一形態である。

9）英国王室が共通農業政策関連の補助金を受け取っていることも批判された。

10）European Commission（2021: 4, 6）によれば，2019 年の英国では直接支払いの対象になり得る農地面積は約 1,500 万ヘクタール存在し，1 ヘクタール当たりの直接支払額は 200ユーロをわずかに上回る。

11）Eurostat［nama_10_a10］によれば，2019 年英国の農林漁業全体の付加価値は約 150 億ユーロである。2021 年 10 月 15 日閲覧。

12）ここに示した直接支払いはデカップルされたものに限られる。デカップルとは補助金額が，生産品目，生産量，価格とは無関係であることを意味する。それらが互いに関係しているカップル直接支払いも存在し，それは経済，社会，環境の観点から重要で，生産の維持が困難な特定品目に認められる。

13）直接支払いの 30％を各加盟国はグリーン化支払いに充てなくてはならない。この事実は，EU が気候変動と環境の問題に取り組んでいることを示すと同時に，この種の取り組みに関与する農家を優先して，直接支払いを供与することも示している。

14）クロス・コンプライアンスの詳細は豊（2012）を参照。

15）ブレグジット後のイングランド農政について，DEFRA（2020），和泉（2021），桑原田（2021），根本（2021）も参照。

16）環境・食糧・農村地域省は直接支払いを批判するに際して，曖昧な姿勢をまったく見せなかった。批判の理由は，直接支払いが構造調整を実施する気持ちを萎えさせるなど，経済効率の点で負の効果を持っているからであり，それと同時に，農家の低所得の問題（本質的にこれは農業ではなく福祉の論点である）に公平公正な方法で対処することが直接支払いではできないからでもある（Hill, 2020: 63-64）。

17）デリンクト支払い（delinked payments）に分離支払いなどの訳語を当てることも可能だが，注 12 に挙げたデカップルとの混同を避けるため，デリンクトと表記した。

参考文献

Department for Environment Food & Rural Affairs（DEFRA）（2019, updated in 2021）

Farming is Changing（https://assets.publishing.service.gov.uk/government/uploads/system/uploads/attachment_data/file/1003924/farming-changing.pdf），2021 年 10 月 15 日閲覧。

DEFRA（2020）The Path to Sustainable Farming: An Agricultural Transition Plan 2021 to 2024（https://assets.publishing.service.gov.uk/government/uploads/system/uploads/attachment_data/file/954283/agricultural-transition-plan.pdf），2021 年 10 月 15 日閲覧。

European Commission（2020）Direct Payments to Agricultural Producers - Graphs and Figures, Financial Year 2019（https://ec.europa.eu/info/sites/default/files/food-farming-fisheries/farming/documents/direct-aid-report-2019_en.pdf），2021 年 10 月 15 日閲覧。

European Commission（2021）Summary Report on the Implementation of Direct Payments［Except Greening］, Claim Year 2019（https://ec.europa.eu/info/sites/default/files/food-farming-fisheries/key_policies/documents/summary-report-implementation-direct-payements-claim-2019.pdf），2021 年 10 月 15 日閲覧。

Fennell, R.（1987）*The Common Agricultural Policy of the European Community: Its Institutional and Administrative Organisation*（2nd edition）, London: Blackwell Scientific Publications（荏開津典生，柘植徳雄訳『EC の共通農業政策（第 2 版）』，大明堂，1989 年）.

Grant, W.（1997）*The Common Agricultural Policy*, London: MacMillan.

Hill, B（2020）"UK after Brexit – a Massive Field Experiment for CAP Reform?", *EuroChoices*, Volume 20, Issue 1, pp.62-66.

Ojo, O. M., Hubbard, C., Wallace, M., Moxey, A., Patton, M., Harvey, D., Shrestha, S., Feng, S., Scott, C., Philippidis, G., Davis, J. & A. Liddon（2021）"Brexit: Potential Impacts on the Economic Welfare of UK Farm Households", *Regional Studies*, 55: 9, 1583-1595.

和泉真理（2021）「政策形成と学術の役割─イングランドの農業環境政策形成プロセスとの比較から─」『農業と経済』，3 月号，pp.89-97。

勝又健太郎（2016）「EU の新共通農業政策（CAP）改革の概要と実施状況」『農林水産政策研究所レビュー』，no.72, pp.4-5。

桑原田智之（2021）「英国の「農業法 2020」等に基づく新たな農業政策の展開─農業の生産性・活力向上と持続可能性の両立に向けて─」（https://www.maff.go.jp/primaff/kanko/project/attach/pdf/210331_R02cr05_04.pdf），2021 年 10 月 15 日閲覧。

庄司克宏（2016）『欧州の危機』東洋経済新報社。

根本悠（2021）「EU 離脱後の農業政策，英国は今後どう動く」（https://www.jetro.go.jp/biz/areareports/2021/a51e0bc4a0afab15.html），2021 年 10 月 15 日閲覧。

豊嘉哲（2012）「EU 各国のクロスコンプライアンスの実態─オランダを事例として─」社団法人国際農林業協働協会『平成 23 年度海外農業情報調査分析事業欧州地域事業実施報告書』pp.29-89。

豊嘉哲（2016）『欧州統合と共通農業政策』芦書房。

—— 第5章 ——

英国の牛乳・乳製品の生産・消費動向に関する一考察
—2010年代を中心として—

平岡祥孝

　本章の課題は，連合王国（the United Kingdom, 以下英国と記す）における牛乳・乳製品の消費動向に関して，2010年代の状況に焦点を当てつつ分析することにある。周知のとおり，英国は2020年12月31日をもって，欧州連合（European Union, EU）から離脱した。EU酪農部門において英国は従来，ドイツ，フランスに次ぐ第三の生乳生産国であった[1]。しかしながら，後述するように，英国の飲用牛乳生産量は，ドイツ，フランス等の主要な欧州大陸諸国よりも多い。

　歴史的に見ても，英国では伝統的に飲用牛乳の消費水準が高い。その背景として，紅茶との組合せ（tea with milk）の食習慣，戸口牛乳配達制度（doorstep milk delivery system）の発達などに加えて，英国独自の食料政策から飲用牛乳消費が推進されてきたことが挙げられてきた[2]。本章では，昨今の生乳生産，牛乳・乳製品の生産と消費の状況を明らかにしていきたい。

1. 英国の牛乳・乳製品の供給実態

▍生乳生産量

　まず，牛乳・乳製品の原料となる生乳（raw milk）の生産と供給について見てみたい。図表5−1は，2010〜2020年における英国の生乳生産量・供給量の推移を示している。図表5−1によれば，搾乳牛頭数は，2016年では190万1,000頭であったが，それ以降は減少傾向にある。2020年では185万9,000

図表5-1　英国の生乳供給（2010～2020年）

		2010	2011	2012	2013	2014	2015	2016	2017	2018	2019	2020
搾乳牛頭数	（千頭）	1,842	1,807	1,798	1,794	1,851	1,901	1,901	1,896	1,885	1,871	1,859
年間1頭当たり平均産乳量	（ℓ/年）	7,303	7,563	7,477	7,543	7,897	7,897	7,559	7,893	7,962	8,142	8,204
搾乳牛生乳生産量	（百万ℓ）	13,453	13,665	13,443	13,534	14,616	15,011	14,372	14,964	15,013	15,232	15,250

出所：DEFRA, *Agriculture in the United Kingdom, various issues* を参考に筆者作成。

頭となっている。他方，搾乳牛1頭当たり年間平均産乳量は，ほぼ増加傾向を示していると言えよう。2010年の7,303ℓから2020年では8,204ℓと，900ℓ強増加している。

　英国酪農業は，1984年3月31日にEC農相理事会（当時）において導入が決定された生乳クォータ制度（Milk Quota System）[3]に対応して，構造調整が一定程度進んだ結果，生産性が向上した。いわゆる高泌乳牛（high yield cow）への牛群更新を図るとともに，濃厚飼料（concentrate feed）を給与することによって，搾乳牛1頭当たり産乳量を増大させてきた。その結果，搾乳牛頭数は減少しているものの，2018年以降では152億ℓ台の生乳生産量水準を維持している。

▌牛乳生産量

　図表5-2は，EU加盟国別飲用牛乳生産量の推移（2010～2019年）を表している。

　図表5-2から明らかなように，英国はEU加盟国の中で最も牛乳生産量が多い。2010～2019年の期間において2019年は最も少なく，643万6,400tであった。しかるに，ドイツ459万7,320t，フランス319万3,260万t（暫定値）よりも，それぞれ約184万t，約324万tの開きがある。ちなみに生乳生産量では，ドイツ，フランスの方が英国より多い。

図表5－2　EU加盟国別飲用牛乳生産量（2010～2019年）

	2010	2011	2012	2013	2014	2015	2016	2017	2018	2019
					(千t)					
ベルギー	699	667	706	747	718	723	689	678	673	676
ブルガリア	62	67	72	71	67	77	67	73	74	74
チェコ	627	648	609	620	624	647	616	635	607	614
デンマーク	472	472	493	492	506	519	519	518	516	514
ドイツ	5,276	5,238	5,251	4,931	4,839	4,860	4,843	4,595	4,452	4,597
エストニア	94	89	86	88	91	96	99	100	105	106
アイルランド	507	509	502	494	494	523	543	554	553	549
ギリシア	461	468	469[1]	467[1]	449	439	414	411	421	428
スペイン	3,518	3,612	3,485	3,662	3,521	3,690	3,524[1]	3,835[1]	3,292[1]	3,184
フランス	3,681	3,610	3,599	3,640	3,536	3,423	3,395	3,299[1]	3,196[1]	3,193[1]
クロアチア	334	332	311	294	276	297	293	279	292	297
イタリア	2,661	2,653	2,620	2,563	2,548	2,511	2,428	2,459	2,470	2,479
キプロス	76	76	71	71	67	64	65	71	73	57
ラトビア	74	65	66	61	56	56	62	56[1]	42	42
リトアニア	88	91	92	96	97	94	93	89	87	86
ルクセンブルク	—[2]	—[2]	—[2]	—[2]	—[2]	—[2]	—[2]	—[2]	—[2]	—[2]
ハンガリー	361	345	394	399	433	462	513	526	520	531
マルタ	—[2]	—[2]	—[2]	—[2]	—[2]	—[2]	—[2]	—[2]	—[2]	—[2]
オランダ	582	527	524	508	526	558	557	514	505	505
オーストリア	728	752	770	788	741	760	794	785	799	788
ポーランド	1,472	1,454	1,511	1,616	1,597	1,639	1,655	1,734	1,779	1,892
ポルトガル	831	851	859	834	832	748	710	714	756	693
ルーマニア	223	220	208	219	250	260	278	289	306	330
スロベニア	163	156	152	153	155	155	157	177	168	164
スロバキア	275	296	317	320	287	284	257	248	238	228
フィンランド	731	726	736	735	728	698	673	615	618	590
スウェーデン	914	877	867	864	827	829	814[1]	763	754	733
英国	6,928	7,001	6,932	6,981	7,088	6,883	6,746	6,911	6,783	6,436

注1）推定値。
注2）極秘非公表。
出所：Milk Market Observatory, *Annual Production Series of Dairy products*, January
2021 を参考に筆者作成。

■ バター生産量

　図表5－3は，EU加盟国別バター生産量の推移（2010～2019年）を表している。図表5－3によれば，ドイツとフランスが圧倒的に多い。ドイツは2015～16年では50万t台に達していた。2019年では，ドイツ49万1,000t，フランス41万6,000t（暫定値）である。そして，オランダ23万t，ポーランド

22万4,000tが続く。英国は18万8,000tであり，デンマーク18万9,000tに次ぐ。生産量で大別するならば，ドイツとフランスは1位グループ，オランダとポーランドは2位グループ，デンマークと英国は3位グループとなろう。英国は生産量の変動はあるものの，2010年の11万9,000tから2019年には18万8,000tまで，生産量を約1.6倍拡大してきている。

図表5－3　EU加盟国別バター生産量（2010～2019年）

	2010	2011	2012	2013	2014	2015	2016	2017	2018	2019
					（千t）					
ベルギー	82	60	59	36	45	49	58	65	65	112
ブルガリア	1	1	1	1	1	1	1	1	1	1
チェコ	29	27	27	29	27	29	28	26	25	27
デンマーク	115	119	128	135	134	127[1]	146[1]	160	183	189
ドイツ	449	476	490	473	482	509	507	488	475	491
エストニア	6	7	4	4	5	5	5	4	5	5
アイルランド	185[1]	186[1]	191[1]	202	223	251[1]	266[1]	258	270	285
ギリシア	2[1]	1[1]	1	1[1]	1[1]	1	1	2	2	2
スペイン	38	42	37	36	40	43	46	51[1]	51[1]	49
フランス	411	431	417	401	444	444	434	413[1]	417[1]	416[1]
クロアチア	5	5	5	5	5[1]	4	4	5	4	4
イタリア	108	102	101	98	101	96	95	91	97	94
キプロス	0	0	0	0	0	0	0	0	0	0
ラトビア	6	5	6	7[1]	8	7	7	5[1]	3	3
リトアニア	11	11	12	13	17	15	18	15	14	14
ルクセンブルク	3[1]	3[1]	3[1]	3[1]	3[1]	3[1]	3[1]	—[2]	—[2]	—[2]
ハンガリー	10	9	9	9	10	9[1]	8	9	9	9
マルタ	0	0	—[2]	—[2]	—[2]	0	0	0	0	0
オランダ	181	187	195	199	207	217[1]	225[1]	248	247	230
オーストリア	32	34	34	34	33	33	34	36	36	36
ポーランド	138	142	165	161	167	188	204	214	223	224
ポルトガル	27	28	28	26	28	32	31	32	31	30
ルーマニア	10	9	9	10	11	11	12	12	11	9
スロベニア	3	3	3	2	2	2	2	3	3	3
スロバキア	8	8	9	9	9	9	9		10	10
フィンランド	54	51	53	53	57	63	64	62	60	61
スウェーデン	38	25	37	35	35	34[1]	34[1]	40	38	38
英国	119	130	145	145	141	150	135	161	152	188
EU全体	2,072	2,102	2,167	2,127	2,234	2,334	2,380			

注1）推定値。
注2）極秘非公表。
出所：Milk Market Observatory, *Annual Production Series of Dairy products*, January 2021 を参考に筆者作成。

∎ チーズ生産量

　図表 5 − 4 は，EU 加盟国別チーズ生産量の推移（2010 〜 2019 年）を表して
いる。図表 5 − 4 から明らかなように，ドイツ，フランス，イタリアが一貫し
て三大チーズ生産国の位置にある。2019 年では，首位ドイツ 229 万 7,000t，次
位フランス 193 万 9,000t，大きく差が開いてイタリア 132 万 7,000t となってい

図表 5 − 4　EU 加盟国別チーズ生産量（2010〜2019年）

	2010	2011	2012	2013	2014	2015	2016	2017	2018	2019
					(千 t)					
ベルギー	75	81	80	79	85	103	101	119	117	115
ブルガリア	69	68	69	68	77	77	80	89	92	100
チェコ	115	113	112	118	117	123	142	145	131	134
デンマーク	292	276	300	325	369	391	447[1]	451	452	457
ドイツ	2,083	2,111	2,161	1,882	1,893	1,900	1,863	2,217	2,246	2,297
エストニア	38	41	43	44	41	43	43	44	45	47
アイルランド	172	180	186	183	188	207	205	220	225	278
ギリシア	209	193	195	187	190	188	204	219	219	207
スペイン	302	307	316	315	388	467	461	481	475	442
フランス	1,913	1,923	1,928	1,947	1,946	1,950	1,920	1,920	1,908	1,939
クロアチア	29	30	32	33	32	34	36	35	31	34
イタリア	1,177	1,171	1,204	1,158	1,176	1,207	1,232	1,261	1,308	1,327
キプロス	14	16	19	20	20	23	27	28	28	32
ラトビア	31	29	31	33	35	38	39	46	47	51
リトアニア	95	103	112	113	103	101	98	100	101	98
ルクセンブルク	3	3	3	3	4	4	4	3	3	2
ハンガリー	72	65	73	68	75	80	80	87	84	86
マルタ	3[1]	3[1]	3[1]	3[1]	3[1]	3	3	—[2]	—[2]	—[2]
オランダ	771	769	784	815	793	870	911	896	902	953
オーストリア	149	154	160	158	172	185	195	202	202	205
ポーランド	667	676	721	732	744	773	806	841	856	868
ポルトガル	69	72	72	70	73	73	75	79	80	81
ルーマニア	64	61	67	70	75	82	88	91	96	96
スロベニア	18	18	18	16	17	15	15	17	16	16
スロバキア	29	31	32	33	33	36	38	40	43	43
フィンランド	109	109	102	102	99	88	84	—[2]	—[2]	—[2]
スウェーデン	103	103	101	89	88	90	87	83	82	82
英国	337	355	357	349	378	403	404	457	465	462

注 1）推定値。
注 2）極秘非公表。
出所：Milk Market Observatory, *Annual Production Series of Dairy products*, January
　　　2021 を参考に筆者作成。

る。そして，オランダ 95 万 3,000t，ポーランド 86 万 8,000t が続く。英国は 46 万 2,000t である。英国はチーズ生産量においてもバター生産量と同様に，デンマーク 45 万 7,000t，スペイン 44 万 2,000t との 3 位グループに属していると言えよう。

　英国はチーズ生産量をほぼ着実に拡大してきている。2010 年では 33 万 7,000t であった。だが，2015 年以降は 40 万 t を超え，2017 年には 45 万 7,000t 台，2018 ～ 2019 年は 46 万 t 台の水準に達している。生産量 50 万 t を視野に入れた輸出志向の生産拡大と見て取れる。

▎牛乳・乳製品輸出入量

　図表 5 － 5 は，英国の牛乳・乳製品輸出入量の推移（2010 ～ 2020 年）を表している。牛乳・生クリームは，輸入量よりも輸出量が多い。80 万 t 台後半の水準（2017 ～ 2019 年）から 2020 年には 79 万 2,000t（暫定値）に減少したけれども，2010 年の 56 万 1,000t に比べて約 1.4 倍増加している。輸入量は 2018 年以降，減少傾向を示している。2020 年では 21 万 8,000t であった。

　バターは 2013 年および 2015 年の 10 万 6,000t が最大輸入量となっていた。だが，2016 年以降は輸入量の減少傾向が見られる。2010 年では 7 万 5,000t の輸入超過であったが，2020 年では 1 万 8,000t にまで縮小している。チーズは欧州大陸諸国からの輸入が中心であり，輸入量が輸出量を凌駕している。注目

図表 5 － 5　英国の牛乳・乳製品輸出入量（2010 ～ 2020 年）

		2010	2011	2012	2013	2014	2015	2016	2017	2018	2019	2020[1]
		（千 t）										
牛乳・クリーム[2]	輸入	193	215	194	245	221	206	150	247	314	229	218
	輸出	561	648	617	574	654	665	646	850	881	862	792
バター	輸入	102	100	104	106	95	106	99	91	84	79	79
	輸出	27	36	38	45	51	50	65	55	62	69	61
チーズ	輸入	436	414	444	468	469	494	490	494	523	538	496
	輸出	113	124	126	125	134	152	164	171	190	209	193

注 1）2020 年は推定値。
注 2）濃縮乳および加糖乳は含まない。
出所：DEFRA, *Agriculture in the United Kingdom, various issues* を参考に筆者作成。

すべき点は，チーズの輸出量が拡大傾向にあることである[4]。2020年では19万3,000t（暫定値）と前年よりも1万6,000t減少したものの，2010年の11万3,000t から2019年の20万9,000t にまで輸出量が拡大している。

　EUと英国との関係に関して一言触れておきたい。牛乳・乳製品貿易では，英国はEU諸国との貿易が主体であった。2021年4月28日，欧州議会（European Parliament）は，英国とEUのFTAなどを柱とする合意に関して，賛成多数で同意した。その結果，同年5月から正式にFTAが発効し，全ての貿易品目に関して無関税貿易は継続されている。しかしながら，物品貿易では通関作業が復活した。輸出入申告や食品検査が必要となるために，物流コストは増大している。なお，英国がEUを完全に離脱した後も，英領北アイルランドとアイルランド共和国の国境は開放されている。

2．牛乳・乳製品消費量

　英国の牛乳・乳製品の消費量をEU諸国と比較しながら分析してみたい。なお乳製品としては，バターとチーズを事例とした。

▌ 飲用牛乳消費量

　図表5－6は，EU加盟国別年間1人当たり飲用牛乳消費量の推移（2010～2018年度）を示している。各加盟国とも全体的に，牛乳消費量は減少傾向が読み取れると言っても過言ではない。EU離脱以前の英国を含むEU28か国の年間1人当たり平均消費量は，2010年度の64.9kgから2018年度では59.4kgとなり，5.5kg減少している。

　エストニアは牛乳消費量に乳飲料および発酵乳製品を含むことから除外して，2018年度時点における牛乳消費量が多い加盟国としては，キプロス120.3kg，アイルランド114.7kg，フィンランド109.1kg，そして英国102.4kgの順となっている。生乳生産大国であるドイツ，フランスはそれぞれ51.4kg，45.3kgである。英国はドイツの約2倍，フランスの2.3倍となる牛乳消費量である。人口規模を考慮するならば，英国が欧州大陸諸国よりもいかに牛乳消費

量が多いかが明らかであろう。しかしながら，2010年度の108.0kgと比べて，2018年度では5%以上減少している。

　とはいえ，英国の高い牛乳消費量水準の背景としては，前述したように食文化（紅茶と牛乳の組合せ）もさることながら，政策的要因が大きいのではないだろうか。第二次世界大戦下における英国の戦時食料政策の一環として，牛乳政

図表5－6　EU加盟国年間1人当たり飲用牛乳消費量（2010〜2018年度）

	2010	2011	2012	2013	2014	2015	2016	2017	2018
					(kg)				
EU28	64.9	64.7	63.2	63.4	62.4	62.0	60.5	60.4	59.4
英国	108.0	107.4	106.3	106.4	103.9	105.0	101.2	104.7	102.4
ドイツ	53.5	54.7	53.5	54.1	55.9	53.5	53.6	53.1	51.4
スペイン	84.1	84.0	83.2	83.6	80.8	80.5	78.4	78.7	78.9
フランス	55.6	55.8	54.2	54.4	53.0	51.5	49.6	47.5	45.3
イタリア	56.8	57.2	55.7	53.5	50.7	50.2	47.7	46.5	45.9
ポーランド	43.7	42.4	36.3	39.4	38.6	39.2	39.3	40.0	40.9
スウェーデン	97.3	91.8	91.9	91.8	85.5	85.4	81.7	78.0	76.7
ポルトガル	80.8	80.3	81.0	n.a.	n.a.	n.a.	n.a.	n.a.	n.a.
オランダ	50.0	49.0	49.0	47.6	45.5	49.3	49.0	42.2	41.5
フィンランド	132.5	131.1	132.4	131.4	128.6	125.4	120.1	114.2	109.1
オーストリア	77.2	79.8	77.6	76.7	77.1	75.8	76.5	77.2	76.5
アイルランド	141.5	142.3	121.2	118.4	118.7	122.4	115.6	116.6	114.7
チェコ	57.5	52.6	58.5	60.4	59.7	60.1	60.0	61.1	59.4
ベルギー	53.8	51.6	50.5	49.3	51.8	49.7	46.3	46.9	45.3
デンマーク	91.1	88.4	90.9	90.8	89.9	87.8	86.7	83.8	81.0
ハンガリー	51.1	48.6	50.6	50.5	48.3	50.6	53.0	53.8	52.2
スロバキア	54.9	52.2	54.4	49.4	48.5	48.0	46.3	46.3	45.9
ラトビア	88.5	94.8	36.5	37.6	39.5	38.4	44.2	44.9	42.6
エストニア[1]	132.8	107.1	115.6	122.3	118.5	101.1	97.8	103.6	121.2
リトアニア	27.5	28.5	29.4	32.0	33.7	33.5	37.0	36.3	40.9
クロアチア[3]	69.8	78.4	73.5	63.6	67.4	72.3	72.6	71.5	n.a.
キプロス	100.8	98.1	101.0	99.7	101.5	104.5	106.2	126.3	120.3
ルクセンブルク[2]	39.2	32.8	38.0	45.1	44.2	46.1	40.0	48.6	48.6
その他EU諸国	28.2	38.7	41.4	40.9	38.2	36.7	37.8	38.1	38.8

注1）乳飲料および発酵乳製品を含む。
注2）バターミルクを含む。
注3）クロアチアは2013年7月よりEUに加盟した。
出所：国際酪農連盟日本国内委員会（JIDF）より入手した資料を参考にして筆者作成。

策が採用されたことが重要である。海外への食料輸入依存が高かった英国では，熱量摂取の馬鈴薯とタンパク質等の栄養摂取の牛乳が，国産自給できる食料であった。この牛乳政策が展開されたことによって，生乳生産の拡大や牛乳流通（牛乳戸口配達制度）の効率化・合理化が実現したのであった。戦後も一定期間維持された牛乳政策によって，さらに牛乳消費量は増加基調となる。だが，生活習慣の移り変わりに伴う食習慣の変化，大型小売店舗の台頭など，社会・経済の変容とともに，牛乳消費量も減少し始める（平岡，2004）。

　ここで図表5－7を見てみよう。図表5－7は，EU加盟国別果実・野菜供給部門および牛乳供給部門事業予算（2018／2019年度）を示している。EUは2017/18年度（school year）から，「EU学校給食用果実・野菜・牛乳供給事業」（the EU School Fruit, Vegetables and Milk Scheme）を導入している。同事業の重点目標としては，健康的な食生活の推進，食農教育の普及，食品残渣削減への取り組みが挙げられる。EUは，牛乳・乳製品の摂取を健康的な食習慣の一つとして位置づけている。

　各事業は加盟国の任意選択となっているものの，図表5－7から明らかなように，英国は牛乳供給部門の牛乳・無乳糖牛乳に対してのみ事業予算（EU事業予算加盟国と加盟国追加事業資金）を集中的に投入している。英国は教育機関においても牛乳消費促進を極めて強く意識しており，幼少期から飲乳習慣を定着させる政策的意図があると，筆者は考える。EU離脱後は当然のことながら，英国はEU学校給食用果実・野菜・牛乳供給事業には参加しないけれども，牛乳消費を下支えする独自施策は継続されるのではないかと，筆者は推察する。

■ バター消費量

　図表5－8は，EU加盟国別年間1人当たりバター消費量の推移（2010〜2018年度）を表している。図表5－8によれば，国によってバター消費量の傾向が異なる。さほど消費量に変化が見られない国がある。たとえば，ドイツではほぼ6kg前後で，イタリアでは2.5kg前後でそれぞれ推移している。増加傾向が顕著な国としては，デンマークが挙げられよう。デンマークでは2010年度の1.8kgから2018年度では6.7kgまで，約3.7倍の伸びを示している。オラ

図表5−7 EU加盟国別果実・野菜供給部門および牛乳供給部門事業予算（2018/2019年度）

	果実・野菜供給部門				牛乳供給部門					
	EU事業予算		加盟国国追加事業資金		EU事業予算			加盟国追加事業資金		
	生鮮果実・野菜	加工果実・野菜	生鮮果実・野菜	加工果実・野菜	牛乳・無乳糖牛乳	チーズ・カード・ヨーグルト・その他無添加乳製品	香料・果実・ナッツ・ココア添加乳製品	無乳糖牛乳	チーズ・カード・ヨーグルト・その他無添加乳製品	香料・果実・ナッツ・ココア添加乳製品
	(EUR)				(EUR)					
ベルギー	1,302,529	3,789	81,909	227	107,769	14,940	0	6,766	896	0
オーストリア	1,865,415	0	2,238,499	0	163,351	6,639	502,114	710,290	38,072	5,305,658
ブルガリア	1,808,365	0	2,425,995	0	161,335	896,863	0	717,675	3,868,715	0
クロアチア	1,468,254	0	234,344	0	264,633	176,422	0	21,383	14,225	0
キプロス	328,898	3,115	0	0	246,729	0	0	0	0	0
チェコ	2,889,071	663,555	5,035,108	2,429,944	1,081,967	668,474	0	5,647,427	2,977,925	364,164
デンマーク	1,447,378	0	0	0	971,153	14,867	0	0	0	0
エストニア	487,398	5,620	419,426	4,837	629,132	99,367	0	1,009,446	159,435	0
フィンランド	442,164	0	0	0	2,271,336	241,657	31,464	0	0	0
フランス	3,151,018	26,759	0	0	156,975	171,537	0	0	0	0
ドイツ	24,756,972	0	9,704,042	0	6,995,420	1,063,567	642,169	1,951,134	640,316	0
ギリシャ	2,632,168	0	0	0	839,813	0	0	0	0	0
ハンガリー	2,336,402	1,540,372	3,157,459	2,198,403	705,682	230,066	1,165,442	2,538,332	1,472,033	6,508,988
アイルランド	1,387,320	0	226,942	0	773,848	0	0	969,377	0	0
イタリア	11,752,209	4,776,917	0	0	2,012,049	4,003,100	0	0	0	0
ラトビア	803,785	0	632,878	0	758,901	0	0	1,680,723	0	0
リトアニア	934,552	166,429	532,119	102,433	780,220	219,818	93,132	463,275	137,008	1,242,031
ルクセンブルク	373,742	0	529,342	0	155,345	0	7,888	4,444	0	0
マルタ	324,636	0	848,816	0	207,081	0	0	86,562	0	0
オランダ	7,088,025	0	0	0	683,598	0	0	0	0	0
ポーランド	13,372,856	0	13,530,686	0	8,219,867	1,778,100	0	13,268,108	2,870,122	0
ポルトガル	738,007	0	0	0	1,361,416	0	0	0	0	0
ルーマニア	5,327,520	0	1,156,121	0	10,207,165	2,152,973	0	11,487,256	2,428,496	0
スロバキア	846,883	1,339,802	773,234	1,287,097	943,291	125,857	25,612	1,631,753	249,048	383,071
スロベニア	622,845	41,243	238,636	15,802	155,373	85,129	0	0	0	0
スペイン	13,697,733	832,789	165,409	0	2,695,015	97,745	0	18,702	8,469	0
スウェーデン	0	0	0	0	6,531,689	0	0	3,762,606	0	0
英国	0	0	0	0	3,949,604	0	0	0	0	0
EU合計	102,186,127	9,400,390	41,930,970	6,038,743	54,029,751	12,047,123	2,467,821	45,975,259	14,864,790	13,803,912

出所：European Commission, *The EU school fruit, vegetable and milk scheme. Implementation in the 2018/2019 school year*, 2020 を参考に作成。

ンダも同期間において 3.0kg から 5.4kg まで，1.8 倍の伸びを示している。また，フランスの増加は若干であるものの，2014 年度以降は 8kg 台に増加している。

　他方，英国では緩慢な減少傾向を示している。2010 年度と 2018 年度を比較すれば，3.2kg と 2.6kg であり，バター消費量は 20% 程度減少している。健康志向を反映して動物性脂肪摂取を控える傾向が強くなりつつある。それゆえ，マーガリンなどの植物性油脂の消費量が増加していることも一因であろう。

図表 5 − 8　EU 加盟国年間 1 人当たりバター消費量（2010〜2018年度）

	2010	2011	2012	2013	2014	2015	2016	2017	2018
					(kg)				
EU28	3.6	3.7	3.7	3.6	3.7	3.9	3.9	3.9	3.9
英国	3.2	3.1	3.4	3.2	2.9	3.1	2.7	3	2.6
ドイツ	5.7	6.3	6.2	5.8	5.7	6.1	6.1	6	5.8
スペイン	0.5	0.5	0.6	0.5	0.5	0.4	0.4	0.3	0.3
フランス	7.6	7.6	7.3	7.7	8.4	8.2	8.2	8	8.4
イタリア	2.3	2.3	2.3	2.4	2.3	2.5	2.6	2.5	2.5
ポーランド	4.2	4.2	3.9	4	4.1	4.3	4.6	4.4	4.6
スウェーデン	1.6	2.6	3	2.2	2.3	2.5	2.5	2.4	2.3
ポルトガル	1.7	1.8	1.8	n.a.	n.a.	n.a.	n.a.	n.a.	n.a.
オランダ	3	3	3	3	3	3.9	4.5	4	5.4
フィンランド	3.4	4.1	4.5	3.7	3.2	3.3	3.3	3.4	3.4
オーストリア	5.1	5	5	5.3	5.4	4.9	5.3	5.4	5.4
アイルランド[1]	2.4	2.4	2.4	2.4	2.4	2.4	2.4	2.4	2.4
チェコ	4.9	4.9	5.2	5	5.1	5.5	5.4	5	5.1
ベルギー	2.4	2.4	2.5	2.3	2.3	2.3	2.3	2.2	2.1
デンマーク	1.8	1.8	2.5	3.9	4.9	5	6.3	6.2	6.7
ハンガリー	1	0.9	1	1	1.2	1.6	2.2	2.5	2.4
スロバキア	2.6	2.6	3.2	3	3.2	3.6	3.9	3.7	3.4
ラトビア	2.5	2.8	2.8	2.3	2.8	3	2	2.8	3.2
エストニア	4.3	4.1	2.5	1.5	2.2	1.6	2.7	2.7	3.3
リトアニア	2	2.2	2.8	2.6	3	3.3	3.8	4.1	4.1
クロアチア[2]	1	0.6	1	1	1.2	1.6	1.5	1.5	n.a.
キプロス	1.8	1.9	1.9	n.a.	1.9	1.9	2.1	2.4	2.6
ルクセンブルク	5.8	6	6.1	n.a.	n.a.	5.6	5.5	5.4	5.4
その他EU諸国	0.6	1	1	1	1.1	1.1	1.2	1.3	1.3

注1）業務用利用を除く。
注2）クロアチアは 2013 年 7 月より EU に加盟した。
出所：国際酪農連盟日本国内委員会（JIDF）より入手した資料を参考にして筆者作成。

■ チーズ消費量

　図表５－９は，EU 加盟国別年間１人当たりチーズ消費量の推移（2010 ～ 2018
年度）を表している。図表５－９によれば，英国は EU 諸国と比較して，チー
ズ消費量が少ない。2018 年度では，英国は EU 平均の 18.9kg を大きく下回る
11.8kg であり，アイルランド 6.8kg，スペイン 8.9kg の次に少ない。ちなみに，
2010 ～ 2018 年度の期間においては，英国は 11kg 台の水準に留まっている。

図表５－９　EU 加盟国年間１人当たりチーズ消費量（2010～2018年度）

	2010	2011	2012	2013	2014	2015	2016	2017	2018
					(kg)				
EU28	17.2	17.3	17.7	17.9	18.1	18.5	18.7	18.6	18.9
英国	11.3	11.0	11.4	11.4	11.5	11.9	11.6	11.7	11.8
ドイツ	23.5	24.2	24.2	23.7	24.0	24.5	25.1	23.9	24.1
スペイン	9.5	9.5	9.3	9.5	9.6	8.9	9.0	8.9	8.9
フランス	26.6	26.2	26.1	26.2	26.7	26.9	26.6	26.5	26.5
イタリア	21.1	22.3	21.4	22.3	22.3	22.6	21.5	21.7	21.8
ポーランド	11.3	11.4	15.6	15.6	15.4	17.2	16.8	18.9	19.1
スウェーデン	18.9	19.0	19.7	19.7	20.6	21.2	20.6	20.0	20.2
ポルトガル	9.5	9.6	9.6	n.a.	n.a.	n.a.	n.a.	n.a.	n.a.
オランダ	19.5	18.5	21.3	20.1	18.2	23.2	21.7	22.0	24.4
フィンランド	21.4	22.5	23.7	24.7	25.7	27.1	26.8	25.9	25.7
オーストリア	18.2	20.0	20.3	19.9	21.7	21.4	22.9	22.2	22.5
アイルランド	7.3	6.9	10.7	10.8	11.2	6.5	6.8	6.8	6.8
チェコ	16.5	16.2	16.6	16.2	16.6	16.5	17.6	17.8	17.8
ベルギー	16.0	15.3	15.3	15.0	15.2	14.8	15.0	14.6	14.2
デンマーク	n.a.	n.a.	19.4	20.2	24.5	26.4	28.4	27.6	28.9
ハンガリー	11.5	11.0	11.5	11.0	11.6	12.9	13.3	13.5	13.3
スロバキア	10.0	10.3	10.1	11.4	11.5	12.2	14.0	13.5	13.5
ラトビア	14.4	14.3	16.0	18.1	17.4	19.8	19.1	20.0	20.2
エストニア	19.6	20.8	21.0	21.3	21.5	16.1	25.2	24.4	24.4
リトアニア	13.9	16.1	17.5	20.0	18.6	18.1	17.5	20.6	20.8
クロアチア[1]	8.7	7.7	9.6	10.2	11.2	12.2	13.0	13.1	n.a.
キプロス	21.6	18.1	18.1	25.5	19.2	24.2	26.3	26.3	26.3
ルクセンブルク	26.4	24.2	24.4	25.6	25.6	23.1	23.9	26.5	26.5
その他EU諸国	12.7	12.2	11.0	11.4	12.3	12.3	13.3	13.8	14.6

注 1）クロアチアは 2013 年 7 月より EU に加盟した。
出所：国際酪農連盟日本国内委員会（JIDF）より入手した資料を参考にして筆者作成。

　その他の加盟国では全体的に見れば，チーズ消費量は20kg台の国が目立つ。2018年度ではデンマークが最大であり，28.9kgとなっている。そして，フランス，ルクセンブルク，キプロスが26kg台，フィンランドが25kg台，エストニア，オランダ，ドイツが24kg台となっている。注目すべきはフランスである。フランスは2010～2018年度の期間において，一貫して26kg台の水準で推移している。

3．牛乳・乳製品の家計消費

▌家計購入量
　図表5－10は，英国家庭における週1人当たり牛乳・乳製品家計購入量の推移（2010年～2018/19年度）を示している。図表5－10から明らかなように，牛乳に関しては全乳（whole milk）購入量よりも，脱脂乳（fully skimmed milk）・半脱脂乳（semi-skimmed milk）購入量が圧倒的に多い。また，脱脂乳・半脱脂乳購入量は減少傾向が顕著である。

図表5－10　週1人当たり牛乳・乳製品家計購入量（2010年～2018/19年度）

		2010	2011	2012	2013	2014	2015	2015/ 2016	2016/ 2017	2017/ 2018	2018/ 2019
全乳	(mℓ)	352	355	297	285	263	312	317	300	297	329
脱脂乳	(mℓ)	2,156	2,151	1,209	1,152	1,198	1,108	1,085	1,095	1,058	1,067
加糖練乳・ 無糖練乳	(mℓ)	16	18	17	25	17	14	15	23	17	14
ヨーグルト	(mℓ)	184	181	175	174	175	179	178	187	178	188
クリーム	(mℓ)	24	23	25	24	23	24	24	26	26	26
ナチュラルチーズ	(g)	107	108	104	107	100	102	104	111	115	114
プロセスチーズ	(g)	11	11	10	11	10	10	11	10	10	10
バター	(g)	40	40	41	42	40	42	44	35	35	33

出所：DEFRA, *Family Food Survey, various issues* を参考に筆者作成。

　全乳は，2010年では352mℓ，2011年では355mℓと，350mℓ台の購入水準にあった。だが，2012〜2014年では350mℓを割り込んだ。その後，再び300mℓ台に回復した。2017/18年度では297mℓと減少したものの，2018/19年度には329mℓと増加している。将来的には，全乳の購入量は著しく増加することはないと，筆者は予測する。

　英国においても健康志向が強く意識されるようになっている。そのため，脱脂乳・半脱脂乳は乳脂肪の面から全乳よりも選好されていると考えられる。けれども，2010年の2,156mℓから2012年では1,209mℓと，大幅に購入量が減少した。それ以後，1,000〜1,100mℓ台の水準となっている。ちなみに2018/19年度では1,067mℓであり，2010年と比べて約2分の1まで低下している。

　ヨーグルトおよびクリームの購入量には大きな変化は見られない。ヨーグルトでは180g前後，クリームでは25g前後の水準で推移している。チーズ購入量もほぼ同様の傾向が見られる。英国家庭では，プロセスチーズよりもナチュラルチーズが選好される。ナチュラルチーズ110g前後，プロセスチーズでは10g前後でそれぞれ購入量は推移している。バター購入量は最近の傾向として低下傾向にあると言える。2016/17年度以降30g台となっている。動物性脂肪よりも植物性脂肪を摂取する傾向にあって，バターよりもマーガリン類が選好されていることが，主な要因であろう。

▌家計支出額

　図表5-11は，英国家庭における外食費を含む週1人当たり牛乳・乳製品家計支出額の推移（2010年〜2018/19年度）を示している。2018/19年度では，全乳と脱脂乳・半脱脂乳を合計した牛乳は83ペンス，ヨーグルトは50ペンス，ナチュラルチーズとプロセスチーズを合計したチーズは90ペンスとなっている。チーズは高付加価値乳製品であることが，あらためて確認できる。

図表5−11　週1人当たり主要牛乳・乳製品家計支出額（含む外食費）
（2010年〜2018/19年度）

	2010	2011	2012	2013	2014	2015	2015/2016	2016/2017	2017/2018	2018/2019
	（ペンス／人・週）									
全乳	24	22	18	18	16	17	17	16	17	19
脱脂乳	78	75	76	73	72	61	61	63	61	64
加糖練乳・無糖練乳	1	1	1	2	1	1	1	2	1	1
ヨーグルト	44	44	46	46	47	47	47	49	49	50
クリーム	8	8	8	8	8	8	8	9	10	10
ナチュラルチーズ	72	74	74	78	73	72	72	78	80	83
プロセスチーズ	6	7	7	7	7	7	7	7	7	7
バター	16	19	20	20	20	20	20	16	20	21

出所：DEFRA, *Family Food Survey, various issues* を参考に筆者作成。

　言うまでもなく英国は，イングランド（England），ウェールズ（Wales），スコットランド（Scotland），北アイルランド（Northern Ireland）4つの地域（国）の連合体である。

　それでは，牛乳・乳製品家計支出では地域性が見られるのであろうか。ここで，図表5−12を見てみたい。図表5−12は，外食費を含む週1人当たり牛乳・乳製品家計支出額（2015/16〜2016/17年度）を，地域比較している。

　物価水準を考慮する必要があるけれども，あえて2016/17年度の支出額からいくつかの特徴を抜き出してみたい。全乳と脱脂乳・半脱脂乳を合計した牛乳への支出額は，北アイルランドが90ペンスであり，ウェールズ79ペンス，イングランド78ペンス，スコットランド73ペンスよりも，10ペンス以上多く支出している。ナチュラルチーズとプロセスチーズを合計したチーズへの支出額については，イングランド86ペンスと北アイルランド58ペンスを比べると，28ペンスの差がある。バター支出額は，イングランドが他地域と比べて少ない印象を受ける。

図表5－12　国別週1人当たり主要牛乳・乳製品家計支出額（含む外食費）
（2015/16～2016/17年度）

	イングランド		ウェールズ		スコットランド		北アイルランド	
	2015/2016	2016/2017	2015/2016	2016/2017	2015/2016	2016/2017	2015/2016	2016/2017
	(ペンス/人・週)							
全乳	18	15	14	18	14	21	16	21
脱脂乳	60	63	68	61	57	52	71	69
加糖練乳・無糖練乳	1	2	2	1	1	2	1	1
ヨーグルト	49	49	40	47	41	50	43	56
クリーム	8	9	6	6	9	7	3	6
ナチュラルチーズ	73	80	64	62	77	76	54	50
プロセスチーズ	7	6	9	4	10	10	10	8
バター	19	15	22	19	27	20	23	24

出所：DEFRA, *Family Food Survey, various issues* を参考に筆者作成。

■ 牛乳消費の今後

　英国では牛乳消費量は減少傾向にあるものの，依然として主な欧州大陸諸国と比較して多い。過去からの牛乳政策によって，牛乳の消費基盤が形成されてきたのではないだろうか。その一方で，紅茶以外のコーヒーなどの嗜好飲料の消費量，あるいは牛乳以外の代替飲料の消費量が増加しつつある。また，消費者の価格志向を反映して（Dairy UK, 2017：55），牛乳の購入形態も戸口配達制度から大型小売店舗での購入が主流となっている。新たな動向として，動物性脂肪の乳脂肪摂取を控えるために，植物由来の牛乳代替品も消費者に浸透し始めていることに注目したい。他方，食の自然派志向も強まりつつあるので，有機牛乳（organic milk）の消費は拡大傾向にある（European Commission, 2019：6-10）。

　それゆえ，牛乳消費の減少基調は続くと推測されるけれども，牛乳消費は多様化していくのではないだろうか。

【注】

1）酪農場（dairy farm）で生産された生乳の生産量・利用量（2018年）を見るならば，ドイツ3,310万9,660t，フランス2,601万2,260t，英国1,548万8,110tであった。4位ポーランド，5位オランダ，6位イタリアも同生産量・利用量が1,000万t水準を超えていた。この点について詳しくは，平岡（2021: 8-10）を参照のこと。

2）英国では第二次世界大戦下の戦時食料政策の一環として，牛乳政策（Milk Policy）が導入された。栄養確保と国内自給の面から導入された牛乳政策によって，英国では飲用牛乳の消費基盤が形成されたと言っても過言ではない。この点については詳しくは，さしあたり平岡（1996）および平岡（2000）を参照されたい。

3）生乳クォータ制度は，正式には追加課徴金制度（Additional Levy System）と呼ばれる。生乳クォータ制度を導入した目的は，生乳と乳製品の過剰生産を抑制し，生乳供給量を市場需要量に均衡させることにあった。なお，同制度は2015年3月31日をもって廃止された。生乳クォータ制度に関して詳しくは，平岡（2015）を参照されたい。

4）たとえば，2021年1月に発効した日本と英国の経済連携協定（EPA）における交渉過程でも，英国は世界三大ブルーチーズの一つと呼ばれている「スティルトン」の日本向け輸出拡大を主張していたことは，記憶に新しい。

参考文献

Dairy UK（2017）*The White Paper*.

DEFRA（2020）*Agriculture in the United Kingdom 2019*.

DEFRA（2021）*Agriculture in the United Kingdom 2020*.

European Commission（2019）*Organic Farming in the EU*.

European Commission（2020）*Milk Market Situation*.

Milk Market Observatory（2021）*Annual Production Series of Dairy Products*.

平岡祥孝（1996）「第2次世界大戦下のイギリスにおける牛乳消費に関する一考察 ─戦時食料政策との関連を中心として─」『北海道武蔵女子短期大学紀要』（27），87-114頁。

平岡祥孝（2000）「第2次世界大戦下におけるイギリス牛乳流通政策に関する一考察 ─戸口配達制度の改革を中心として─」『日本消費経済学会年報』（21），199-207頁。

平岡祥孝（2004）「イギリスにおける牛乳消費に関する一考察 ─1990年代を中心として─」『北海道武蔵女子短期大学紀要』（36），111-131頁。

平岡祥孝（2015）「EU生乳クォータ制度に関する経済分析 ─イギリス酪農業を事例として─」『日本EU学会年報』（35），274-298頁。

平岡祥孝（2016a）「EU 主要乳製品輸出の動向」『日本 EU 学会年報』（36），96-120 頁。

平岡祥孝（2016b）「近年の英国における牛乳・乳製品の消費動向に関する一考察」『消費経済研究』（5），39-48 頁。

平岡祥孝（2019）「EU 主要乳製品域内貿易に関する一考察」『消費経済研究』（8），77-95 頁。

平岡祥孝（2021a）「近年の英国における飲用牛乳消費に関する一考察」『札幌大谷大学・札幌大谷大学短期大学部紀要』（51），43-56 頁。

平岡祥孝（2021b）「英国の主要乳製品貿易に関する一考察」『消費経済研究』（10），3-19 頁。

平岡祥孝（2021c）「EU 学校給食用果実・野菜・牛乳供給事業に関する一考察」『消費者教育』（41），45-56 頁。

― 第 **6** 章 ―

英国電気事業の規制改革から学ぶ

小坂直人

　英国電気事業はサッチャー以前，基本的には国有企業によって担われていた。それゆえ，改革は，国有電力会社の民営化と規制改革が同時並行的に行われる形となった。わが国の場合は，電力会社自体は民間会社であるから，民営化のプロセスは必要がなく，直接，規制改革が実施されることになる。この限りでは，アメリカ合衆国の電気事業における規制改革が最も参考にすべき先例であると思われる（参照，小林，2002：21-49, 245-255）。実際，英国とわが国のそれを比較するならば，政策実現の基盤なり背景がそもそも異なっていることが分かる。しかし，よくみると共通点もある。わが国の国策会社日本発送電（株）と九配電事業者から戦後の民間九電力体制への移行を含めてとらえてみると，英国の改革がサッチャー時代に一気に行われたのに対し，わが国の改革は戦後のおよそ半世紀をかけて，緩慢な形で行われたともいえるからである。

1．英国電気事業の出発

　2020年4月より開始された「発送配電会社の構造分離」によって，わが国の電力規制改革も最終局面を迎えている。わが国の電力規制改革のこれまでの流れや現状の到達点・問題点については議論すべきところが山積している[1]。

　周知のように，電力を含む英国の民営化政策は保守党サッチャー首相の時代にその起点がある。しかし，英国の場合，民営化はその反面の国有化局面を考えておかないと，事態の正確な把握が難しい。実際，一度民営化された諸企業が再国有化されるケースが現在も起きている。つまり，民営化と国有化は可逆

反応なのである。この点を念頭に置きつつ，英国電気事業の歴史をまず概観しておこう。

　現在でいうと，いわゆる「自家発電所」にあたる工場等での限定された電力用途のための供給設備は別として，都市等の一般供給設備を備えた電気事業は，エジソンのロンドン代理業者によってホルボーン・ヴィアダクト（Holborn Viaduct）において1882年に開始された。同事業は石炭火力（蒸気機関）によるヨーロッパ最初の一般電気事業とされるが，その前年の1881年に，ゴダルミング（Godalming）においてジーメンスが水力発電による一般供給を実施している（Newbery and Green, 1996：31）。

　この時期，ニューヨーク（1882）やベルリン（1884）でも一般供給電気事業が開始されており，世界史的にみて，1880年代初頭が電気事業の開始時期と考えてよいであろう。わが国でも，東京電燈（株）が1887年，東京における一般供給を始めている（電気事業講座編集委員会，2007：14）。1882年以降，英国各地において電気事業が叢生してくることになるが，その多くは民営会社による小規模なものであり，当該自治体当局の認可を受けての営業であった。その中で，ブラッドフォード（Bradford）は1889年，最初の自治体直営電気事業を実施している（Newbery and Green, 1996：31）。

▍自治体と電気事業

　もともと各自治体は，水道事業やガス事業に対しては，衛生的・社会的観点から直接間接に事業関与する誘因を有してはいたが，1875年の公共保健法が都市の給水義務を明示するとともに，地方自治体が自ら水道事業を営んだり，水道企業を買収したりする権限を確立したことから，水道事業の公有公営原則は大きく発展し，1903年には，ロンドンの給水事業が首都水道庁に吸収され，公営化された。一方，1838年にマンチェスター公社は，ガス企業を所有・経営する最初の地方当局となった。この公営の成功は，ガス事業における地方公営形態の普及を促進した。バーミンガム市長ジョゼフ・チェンバレンは，地方税軽減のための財源を獲得しようとして，利益を上げることを目的に市営事業を積極的に推進した。その結果，当時のバーミンガム市は，「地方公営のメッ

カ」と称された[2]。

　他方，1870年から1880年代にかけて，多くの市街鉄道が地方自治体によって建設された。そして，1880年代および1890年代になると，電気が地方自治体によって供給され，家庭および街路の照明に利用されはじめた（遠山，1987：171）。地方当局は当初から電気供給に関心を持っており，1882年に承認された65件の暫定指令のうち14件を受けていたが，この未知のベンチャー的事業に性急に手を付けることを欲しなかった。そして，ブラッドフォードの自治体直営電気事業第1号が開始されたのが1889年であったのである。1900年頃までに形成された地方における電気事業の一般的パターンは次のとおりである。すなわち，大きな都市における供給は自治体が引き受け，小都市のそれは民間会社によって担われたのである。

　発電所の建設はしばしば電灯照明への予期せぬ需要を顕在化させることになった。80年代の初めと対比して，多くの地域で電灯照明への需要は過少に評価されていたのであった。こうした事態の最も顕著な例はマンチェスターであろう。1893年7月に40,000灯向けシステムが運転開始し，1894年5月にはフル稼働していたが，1年後には，12万灯へと能力拡張の計画が求められるほどであった。1897年までに，同社は14万3,000灯を接続運転するまでになっていた（Byatt, 1979：105-106）。

　1897年段階で，電気市街鉄道と鉄道において1万3,000馬力の電動機が稼働していたが，それらは自前の発電所からの電気によって動かされていた。初期において牽引用の特殊発電所が用いられたのには十分な理由があった。市街電車用発電機は照明用のそれとは異なる設計がなされた。それらは，電車がスタートする時，加速する時，丘を登る時など，運転中の突然の変化に対応しなければならなかった。反対に，初期の照明用高速発電機は夕方からの照明負荷を扱うよう設計されていたのである。1890年代の主たる技術開発は規模の経済性の拡大に貢献した。それは，多相交流，紙絶縁ケーブル，蒸気タービンである（Ibid.：108）。

▍蒸気機関と蒸気タービン

　最初のタービンは 1892 年ケンブリッジに導入された。そして 1894 年には，当時最大の 350kW パーソンズタービンがロンドンのマンチェスター・スクウェア発電所に導入された。しかし，小型タービンは高速レシプロ蒸気機関に対してほとんど優位性を発揮できなかった。高速レシプロ蒸気機関は 1890 年代に一般に実用化されたが，1897 年に，英国の発電所に設置されていた半分以上（発電能力）の発電機は高速蒸気機関によって駆動されていた。そして，その 70% はウィランズ製蒸気機関であった[3]。

　パーソンズによるタービン発明が 1884 年であったにもかかわらず，1904 年以前，タービンの導入は多くはなかった。しかし，1905‑1907 年の間に導入された発電能力のほぼ半分はタービン駆動であった。1908‑1910 年では 4 分の 3，1910‑1913 年では 5 分の 4 が，主要駆動力としてタービンを導入した（Byatt, 1979：110-111）。

　このように，20 世紀初頭の電気事業は蒸気機関からタービンへの移行期を迎えていたが，その発電能力と経営規模は十分な照応関係が取れていなかった。たしかに，19 世紀に発達した公益事業分野では，早期より地方公営の拡大が顕著であり，この地方公営形態は，一時は公企業発達のための主要ルートとみなされたほどであった。しかし，20 世紀にはいると地方公営は，独占を有利とする技術的な発展が要求する生産規模および供給区域の拡大と相容れなくなった。そのため地方公営は次第に衰退し，より広域的あるいは全国的な経営規模を指向するようになってくるのである[4]。

2．電灯会社から電力会社へ

　既にみたように，20 世紀にはいると，鉄道や電気における技術発展は，全国的規模での対応を必要とする問題を提起し，これらの公益事業の営業区域の拡大を不可避とした。つまり，電気や運輸の技術発展のペースに，市営は財政面で追いつくことが出来なくなったし，より大きな独占を有利とするに至り，より効率的な運営にとって市営の行政区域はあまりに小さすぎたのである（同

上：73-74）。

　電気事業も新しい段階に相応した姿に変身する必要に迫られていたのである。

■ NESCo の経験

　この転身は各自治体の状況によって異なる形をとることになるが，英国において最もドラスチックかつ成功裏に転身を遂げたのが，ニューカッスル・アポン・タイン電気供給会社（Newcastle-upon-Tyne Electric Supply Company：NESCo）である。同社は，1900年当時，16平方マイルの供給地域を有していたが，1914年には1,400平方マイルに達し，40ヘルツ三相交流・2万ボルトをもって供給にあたっていた。1903年当時，NESCoはヨーロッパ最大の発電所を運転し，急速にヨーロッパ最大の電力統合システムへと成長した（Newbery and Green, 1996：31）。

　とはいえ，NESCoは典型的な存在ではなかった。これまでの電気事業をめぐる技術発展の経過は，論理必然的には単一所有，言い換えると自然独占に帰着する。しかし，既存の自治体経営は隣接する自治体の管轄地域へは行政上，単純に拡張侵入は出来ないのであった（Ibid.：32）。

　NESCoがニューカッスル市の北部・東部を供給区域とする電気事業者として創業されたのは1889年のことであり，市の他区域を供給区域とするニューカッスル・アンド・ディストリクト電気照明会社（Newcastle District Electric Lighting Co.）も存在し，両社は紳士協定によって供給区域を分割していたのである。NESCoは，20世紀になってその業績を急成長させるのであるが，和田一夫によると，その根拠が新発電所の建設と三相交流による送電および需要地での直流システムの採用という技術選択の正しさにあったのではないか（和田，1982：79-97），という。

　以上のような電気事業における技術発展が必然的に全国的な管理や統制を求めるからといって，それが自然に出来上がるものではもちろんない[5]。英国においては，このプロセスが本格的に進むのは第一次大戦後を待たなければならなかった。

3. 電力グリッドと全国管理

　第一次大戦期を含む1910年代は，電気事業がそれぞれの地域におけるシステム統合を経て，全国的なシステム統合へと展開する出発点にあたる。英国電気事業もこの課題に臨むことになるが，アメリカ，ドイツなどに比べるとこのプロセスがスムースに進まない事情があった[6]。

　第一次大戦は，電気供給分野における英国の相対的後進性を明白にし，より大きな発電所からのより高い負荷率が見込まれるいくつかの既存発電所の相互接続による合理的供給システムの必要を提起してきた。1919年電気（供給）法は電気委員会（Electricity Commissioners）に非効率な発電設備の拡張認可を取り消し，採用周波数の変更および経済的に有効な地域における電力一括供給を要求する権限を与えたが，同委員会は行政権限による実施ではなく，事業者間の自発的合意という形に満足しなければならなかった（Newbery and Green, 1996：32）。

　また，委員会の支持を取り付けた事業者による新しい自発的，共同的なイニシアティブが存在した。英国電力開発協会（The British Electrical Development Association：EDA）が，1919年に共同販売と広告資料を開発するために設置された。また，1920年英国電気及び産業連合研究協会（British Electrical and Allied Industries' Research Association：ERA）が，政府サイドに立って産業を規制するためばかりでなく，産業の要請に耳を傾け，政府内の圧力グループとしてふるまい，供給事業者の観点を伝える初めての専門機関として出現した（Hannah, 1979：77-78）。

　主要な産業地域において，それにふさわしい中央計画と相互連携の運用がなされていないことは，英国において新規の大規模発電所が諸外国におけるように効率的には用いられていないことを意味した。たしかに，ドイツにおける相互連系ネットワークは現状英国のそれよりも規模が大きかった。1920年代半ば，ルール地区へ供給している相互連系システムを有する公私混合企業RWEの年間供給量は総計で3,000GWhに達しており，バイエルン地区では1,500GWhとなっていた。それに対して，英国のNESCoシステムでも800GWh

を供給するにすぎなかったのである（Ibid.：84-85）。

▌中央電気庁の創立

1926年電気法（Electricity Act）に基づいて，中央電気庁（Central Electri-city Board）が創立された。占部郁美によると，この組織の目的は，自由競争の弊害の多い電力事業を国家的計画の下に組織化し，電力事業の合理化と農村の電化を促進することにあった。しかし，その国有化の方式ははなはだ微温的なもので，発電および配電事業は依然私会社の経営に残された。中央電気庁は，単に発電会社より電力を独占的に買い取り，これを公認の配電会社に売却することにより，その間に周波数統一などを行い，国家的計画性の浸透をはかったものである。グリッド（超高圧送電網）の建設はその主要な事業内容である。中央電気庁は独立の法人体をなす公共企業体であり，その理事会は一名の理事長と七名の理事により構成される。その任期は五年ないし十年であり，いずれも運輸大臣によって任命される（占部，1969：273-274）。以上の記述から，占部が中央電気庁を公共企業体と理解していることは明瞭であろう[7]。

中央電気庁は電気委員会によって監督されるが，実際には，きわめて大幅な自主性をもっていた。同庁の設立は，議会では労働党によって支持されたが，若干の保守党員は「社会主義的」だと批判した。けれども政府は，電気事業の発展を促進する唯一の方法としてそれを遂行した。同庁は独占的性格をもつことから公共責任を要望されたが，その独立的な経営は，公共責任と細部にわたる政治的干渉を免れた企業的運営方法との結合を可能ならしめた（ティヴィー・遠山，1980：42），とティヴィーもまた指摘している。

中央電気庁は，英国放送局BBCをモデルとした法人会社であり，国有企業というより，むしろ商業会社のようにふるまった。同社は，相当な自立性を保持し，高給を支払い，そして大蔵省からの独立性を保持するための政策決定として，政府から保証されてはいなかったが，固定利率ローンによって資金を確保していた。中央電気庁は，132kVと50ヘルツによる送電標準化を決定した。グリッドは1933年9月5日に完成し，全国の完全グリッド取引がすぐに始まった。このことは，中央電気庁は「メリット・オーダー」を駆使し，主要な発電

所を統制したことを意味する（個々の発電所の所有はそのままで，元の事業者によって運転が継続された）。グリッドは，最初，電力の長距離送電を意図してはおらず，地方の相互連系同士の相互接続を描くのがせいぜいであった。実際，当初，7つの代表的グリッド地域はローカルシステムとして運転されていた。だが，1936年，完全グリッドが初めて実験的に実施され，最大数の発電機がその日，明らかに全体として並列運転されたのである（Newbery and Green, 1996：33）。

　この時期の中央電気庁の企業形態が実質的な公共企業体であったことは，以上の考察からほぼ明らかである。また，この点を，労働党を含めた当時の主要議論に即して整理した遠山によれば，労働党の国有企業観は後の公共企業体のそれとほとんど同一であり，労働党，保守党といった政党は基本的には皆同じ方向を向いていたといい得るのであり，第二次大戦以降まで英国産業において繰り返される民営化と国有化の対比についても，単純に国有化（労働党），民営化（保守党）というような構図でとらえることは間違いであることが示唆されていよう（遠山，1987：177-178）。

4．公共企業体への全般的指向

　1929-31年のマグドナルド労働党政府は，下院の過半数を占めなかったが，その運輸大臣はハーバート・モリソン（Herbert Morrison）であった。彼は運輸大臣として，中央電気庁の運営に責任ある立場にあった。

　モリソンの公共企業体の理念[8]は，アトリー率いる第三次労働党政権（1945-51年）下に実践され，その際成立した公企業はすべて公共企業体形態をとった。当初は多くの期待を集めたのであるが，産業の個別の事情に関わりなくすべての産業に一律にこの形態が採用されたことによる問題も生じ，多くの組織改革を経ながらも，結局，サッチャー内閣による民営化に至るまで課題を抱えながら公共企業体が存続していったのである（遠山，1987：192-194）。

■ 1947年電気法と英国電気庁
　1947年電気法に基づいて電気事業が国有化され，公共企業体のグループに

入った。公共企業体は「公的所有，公的責任，そして，公共目的のための経営管理の結合」を達成するために企画されたのである。この理念は明らかに1947年電気法の背後に隠れてはいたが，英国電気庁の諸義務を規定していたのである（Newbery and Green, 1996：38-39）。

　法律に基づいて，電気事業全体は英国電気庁（1955年以後は中央発電庁）によって所有され，統制されたが，配電は多くの地方別組織によって担われた。スコットランドでは，違った制度がある。1947年国有化法は，北スコットランドをその一般的規定から除外したので，同地方は北スコットランド水力電力庁に供給を仰ぐこととなった。この組織体は1943年に創設されており，1947年にはその構成の僅かな修正を要しただけであった。1954年に，南スコットランド電力庁もまた独立した。両方とも通常の型の公共企業体であり，スコットランド大臣の監督下にあった（ティヴィー・遠山，1980：71-72）。

　サッチャー改革に至るまでのこの時期，全体として大きな変化は起きていないが，国有化企業に対するいくつかの修正圧力，とりわけ経営効率化圧力が増大し，将来の民営化への道が準備されていたことは確認できる。ニューベリイら（Newbery, et al., 1996）はこのプロセスについて，次のように述べている。

　実際，一つの観点からみれば，民営化は労働組合を弱化させるメカニズムであり，それによって労働党に打撃を与え，結果として保守党を強固にするものであった。英国はいつも国内炭に強く依存してきたし，石炭と電気の相互依存性は緊密であった。1990年まで，電気の3分の2以上は依然として石炭によるものであったが，今や，それは80％が英国石炭公社（British Coal）との取引であった。1970年代の終わりまでには，明白な代替燃料である石油が輸入された。1956年のスエズ危機は石油供給の不安定性を顕在化させ，熱望的かつ不幸な原子力発電構築へアクセルを踏む原因となった。1970年代の石油危機はさらに安定性への関心を高め，対外政策によってエネルギー政策を一層混乱させた。

　英国の消費電力の3分の1は，1MW以上の主要なエネルギーユーザー向けに販売されている。これらのユーザーにとっては，国際競争上，電気料金がカギを握っていた。石炭産業はその市場として電力産業に決定的に依存してい

た。タービンメーカーやその他メーカーも同様であった。電力産業は英国の産業基盤の強化や技術的指導性を安定させること，特に原子力産業において，キープレイヤーであり続けた。結果として，電力産業に影響を与える政策は，不可避的に高度に政治性を帯びたのである（Newbery and Green, 1996：37）。

　このように，国有電気事業に対する抵抗は決して小さなものではなかったが，だからといって，直ちに民営化という議論に発展したわけでもない。

　50年代の一定の改革，すなわち，1958年の電気協議会（Electricity Council）と中央発電庁 CEGB（Central Electricity Generating Board）の創立を経た後，32年間にわたってこの構造は総じて安定的であったといえるのである。中央発電庁はイングランドとウェールズにおける発電と送電を支配しており，すべての電気を実質的に12の地区電気庁に一括供給料金という条件で販売していた。そして，各地区電気庁がそれぞれの地域でこの電気を自分で決めた料金で販売する（Ibid.：38），という構造に致命的欠陥があった様子はみられない。

5．1989年電気法と電力民営化

　1947年の国有化をどのように評価するかは難しいところではあるが，本章では，これをモリソンによる公共企業体構想の具体化プロセスの一環として位置づけ，あえて，独立した項目として扱わなかった。第二次大戦期を挟んでいるものの，1989年電気法までのおよそ60年間を本質的には公共企業体による電気事業体制期としてとらえるのが適正だという判断である。とはいえ，この公共企業体がこの間何事もなく継続してきたのではない。特に，石油危機に象徴されるエネルギーの国際環境の変化は英国にも大きな影響を与えた。

　1970年代に政権を担っていた労働党は，石油危機によって引き起こされた高率インフレに対処するために，電気事業の収支を度外視して，電気料金の上昇を抑えるよう圧力をかけた。逆に，保守党が政権の座にあった1980年代においては，電気事業が抱える公的債務を減少させるために，電気料金の引き上げを促した。さらに，幾度かの通貨危機と二度にわたる石油危機を通じて，英国政府は電気事業に対し，輸入石油に依存するのではなく，国内炭をより多く

消費することを求めた。政府にとって，国内石炭産業の維持は主要な政策目標であり続けた。石炭産業の保護政策は，1957年の電気法の成立から始まり，それ以降，中央発電庁は絶えず割高な国内炭を一定量購入させられてきた。それが，電気料金を高いものにしていた。石油危機を経験した1970年代の英国経済は，それ以前にも増して経済パフォーマンスの悪さを露呈していた。エコノミストやマスコミは，経済活動に過度に介入する国にその原因を求めた（木船，2003：20）。

　以上のように，サッチャー改革への外的環境がこの時期，着実に整えられていく様子がみて取れよう。

　労働党政権による1947年の国有化以来，完全に公的所有の下にあった英国電気事業は，1989年の民営化によって産業部門構造を劇的に変化させた。増大する競争圧力の第一歩はサッチャー政権の1983年電気法から始まる。この法律は発電部門における中央発電庁の法的独占を廃止し，私的発電会社に市場を開放した。しかし，競争上の実質的障壁がまだ残っていたため，この自由化試行は失敗した。

　1983年電気法の最初の局面では，政府は競争市場において運営されていた公企業の売却に焦点を当てていた。1989年電気法の第二の局面では，民営化は公益事業分野に拡張され，それは独占市場の自由化を目標にした政策であった。

　1988年2月に政府が電力民営化白書を公表した時，国民は既に2つの別のネットワーク産業（通信とガス）の民営化を目にしていた。この2つは，自由化目標を犠牲にしていたために批判されてはいたが，成功例と考えられていた。しかし，白書では1983年改革は競争促進に失敗したと認識されていた。発電部門における独占に終止符を打つとともに，消費者と配電会社の影響力を増大させることはセットであったからである（Heddenhausen, 2007：8-9）。

　1989年電気法は，74発電所と国営グリッドを有する中央発電庁CEGBを4会社に分割した。60％の旧式発電設備（40発電所・3,000万kW）はナショナル・パワー社（NP）に配備され，残り（23発電所・2,000万W）はパワージェン社（PG）に配備された。800万kWの12原発はニュークリア・エレクトリック社

（NE）に配備され，そして高圧送電網は 200 万 kW の揚水発電所とともにナショナル・グリッド社（NGC）に移譲された。これら 4 つの会社は，1990 年 5 月 31 日，公益特殊会社（public limited companies）として創設された。同時に，現在認可地区配電会社（Regional Electricity Companies：RECs）として知られる 12 の地区配電会社が創設され，RECs は，1990 年 12 月に株式公開された。その後，1991 年 5 月には NP と PG の株式 60％が公開され，残余は 1995 年 5 月に売却された。発電分野における競争は，すべての発電事業者（公私を問わず）がその電気を卸売市場で売買することが要請される形，すなわち電力プール制によって実施された（Newbery, 1999：1-2）。

　発電分野における次の大きな構造転換は 1996 年に起こった。すなわち，規制圧力のもと，NP は 400 万 kW，PG は 200 万 kW の石炭火力発電所を分離させられたのである。これらすべては最大規模 RECs の一つであるイースタングループ（Eastern Group）に引き渡され，その結果，同グループは重要な配電施設をもった主要発電事業者になった。

▌ 90 年代後半の構造転換

　1998 年 8 月，PG は，400 万 kW の 2 か所の大規模石炭火力発電所を分離することに貿易産業省（DTI）と合意した。そのかわり，合衆国資本が所有する RECs の一つ East Midlands を併合する認可を得た。NP は，過剰な市場支配力をめぐる DTI の継続的関与に応じるために煙道ガス脱硫装置を装備したうえで，ヨーロッパ最大の石炭火力発電所 Drax（400 万 kW）の売却を提案した（Ibid, 3）。

　他方，1989 年電気法は，電気小売り部門にも競争を導入する計画であった。民営化時，1,000kW 以上の顧客 5,000 件はどの供給者とも自由に契約が可能であったが，その他のすべての顧客は独占供給権をもつ彼らの地域 REC から電気を購入しなければならなかった。1994 年，供給権の制限は 100kW に下げられ，4 万 5,000 件の顧客が自由に供給者を選べるようになった。残り 2,200 万件の顧客が自由化を手にした 1998 年末には REC の独占供給権は最終的に終了した。同法はまた，NGC と RECs の自然独占的送配電網ビジネスを規制し，

また，4，5年ごとに見直されるプライスキャップ規制を実施するため，電力規制局（Office of Electricity Regulation：OFFER）を創設した（Ibid, 2）。

　先述したように，12の地区電気庁は民営化され，認可地区配電会社となった。そして，株式所有を広範囲に広げることによって「大衆資本主義」を促進する試みとして，1990年12月，12の会社は私的投資家に売却された。1995年，外国資本によるRECの買収が初めて成立した（Heddenhausen, 2007：9-10）。

　当初，RECsは政府保有の黄金株付きで民営化され，それによっていかなる乗っ取りからも守られてきたが，これらの持ち分は1995年に無効となった。その結果，発電と配電との垂直的統合によって電気供給事業（ESI）を再構築する試みの形で乗っ取りの波が最高潮に達した。続く数か月のうちに12のRECsのうち8社が買収目標となり，6社の買収が成立した。2社は，その地域上下水道会社（規制公益事業）によって買収され，1社はスコティッシュ・パワー社に垂直統合された。コングロマリットHansonによって買収された1社はイースタン・グループに入り，2社は合衆国資本によって買収された。NPとPGによって進められていた残りの案件は，適正競争が作り出される前に発電と配電を垂直的再統合に導く時期尚早な試みとして独占併合委員会（MMC）において検討され，貿易産業省（DTI）によって拒否された（Newbery, 1999：3-4）。このように，一進一退はありつつ，外国資本を含む英国配電会社の統合化過程は，この時期進んできたことが確認される。

6．サッチャー改革が示唆するもの

　これまで，サッチャー改革に至る英国電気事業における前史をたどりながら，サッチャー民営化の核心部分が何であったのかを考察してきた。サッチャー民営化政策の背後には，新自由主義的思想が土台として横たわっており，その全面的検討は本章の手に余る課題である。ここでは，あくまでも，サッチャー改革に表れた英国電気事業改革の特質をその歴史過程に照射しなおし，電気事業改革を企業改革に即して整理しておきたい。

　英国における民営化の形態は多様であるが，その中心をなすのは，公共企業

体（public corporation）の株式会社化，公私混合企業（mixed enterprise）への転化，それとかかわっての大臣による直接的統制に代わる新しい統制システムの導入である。その意味で，一般に民営化といわれているものの本質規定は，国有企業の私企業への転化ではなく，また私有化と自由化の結合でもなく，国有企業形態の枠内での私的所有の導入と「私的」独占に対する新しい統制システムの形成として規定されよう，と中村太和はいう（中村，1991：183）。

　中村の評価は，わが国で広く流布している一般的なサッチャー評価とは重点の置き方が異なっているが，歴史的経緯を含めた本質的底流を踏まえたその主張に筆者は賛成である。サッチャー改革について言及しているわが国の多くの論者は，民営化それ自体ではなく，その後の自由化・市場改革に焦点を当てる形で電気事業改革を論じており，民営化自体には十分な議論を割いているとはいえない。しかし，国有企業改革としてのサッチャー民営化に対する中村の指摘こそが事態の本質をついていると思われる。

　そのかかわりで，近年英国で一つのブームともなっている国公有企業の「再国有化」運動に注目する必要がある。事態は，現在進行中であるが，筆者が指摘してきた「国有化」と「民営化」の可逆性問題の生きた事例となっていることは間違いないであろう[9]。

　また，サッチャー改革を扱う多くの文献が民営化を企業形態変更による市場構造の転換として着目はしているが，その社会的影響，とりわけ従業員に対する影響については積極的に紹介することが少ない。オリベイラ（Oliveira）らはこの点について，次のように述べている。

　RECs民営化後の最初から株主たちは莫大な利得を公表していたのに対し，1997年までに3万以上の働き口がなくなった。送電部門では，6,442人から3,873人へ，発電部門では，4万790人から2万1,619人へと人員削減された。全部門の平均で，従業員はほぼ45%減少し，レイオフ率はサザン社の19%からNP社の77%の間にあった。電気事業部門の雇用維持という意味では，これらの改革は重大な影響を及ぼしたのである。

　1990−2000年の間のエネルギー部門のリストラ（ガス，石炭鉱山そして石油採掘を含む）は英国における総雇用数を著しく削減したが，その総数は水処理部

門を含むと，41 万 8,000 人から 17 万 8,000 人へと，大幅減となった。

　この状況は，民営化企業の役員には正反対であった。彼らの平均的年収は年々上昇し，1997 年には，1990 年における平均的役員年収の約 2 倍になっていた。さらに，ほとんど全ての役員，とりわけ特別経営役員は自ら経営する会社の株式とストックオプションを所有しており，それらは，彼らに莫大な追加収入をもたらしたのである（Oliveira and Tolmasquim, 2004：1264）。

　また，原子力発電については，さらに留意が必要である。1990 年の民営化実施に当たっては，発電部門が NP 社，PG 社，NE 社に分割されたが，原子力発電会社である NE は当初国有が維持されたのである。その後，スコットランドの国有原子力発電会社スコティッシュ・ニュークリア社（SN）も含めて，原子力部門はブリティッシュ・エナジー社（BE）に統合されたが，同社は1996 年，その株式を売却し民営化に向かった。そして。2009 年以降，同社はフランス電力公社 EDF の傘下にある（野村，2000：84-87）。

　このように，英国の原子力発電部門は民営化に当たって，最初から特別な扱いを受けていたが，形式的に民営化が実施された後も，会社としての持続性を担保するために，差額決済制度（FiT-CfD）など原子力保護のための枠組みを必要とする会社としてのみ存続し得たのである。これは，どう控えめにみても，国家による保護規制の産物であるといえよう。原子力部門を含めた英国電気事業の民営化は，国家政府の強力な関与なしにはあり得なかったのである。わが国の電気事業改革も，国家規制と背中合わせの自由化となっている可能性がないかどうか，英国の経験に照らして検証すべきであろう[10]。

【注】

1）この問題を扱う文献は多いが，ここでは以下の文献を挙げるにとどめる（矢島，1998；山内・澤編，2015）。

2）水道とガスの市営化の動きは，1890 年代にフェビアン社会主義者による都市（または自治体）社会主義思想の浸透によって，さらに支援された（遠山，1987：72-73）。

3）水力を別とすれば，初期の小規模電気事業において採用された発電機駆動用動力は蒸気機関であったことは周知のとおりである。英国の初期の発電所でもっぱら採用されていた

のがウィランズ蒸気機関であった。この機関の特色などについては下記の博物館資料から知ることが出来る（The Museum of Retro Technology（http://www.douglas-self.com））。

4）公益事業分野における全国的な経営規模拡大の傾向に関して，遠山は，さらに「この変化は，公有化の思想と運動において第一次大戦後，都市社会主義（municipal socialism）から国家社会主義（state socialism）への変貌がみられたことからも明らかである」（遠山，1987：172）と，指摘している。この点は，電気事業とフェビアン主義の関係を思想・政策軸でみる場合の重要な論点である。

5）当該時期の電気技術の要に位置するのは，交流利用と遠距離送電の展開であるが，その普及も一直線ではなかった。たとえば，電気技術の先進国とされるドイツにおいても，交流電動機が決定的な役割を果たすようになるのは1907年以降のことであり，当時まで動力用機関として大きな役割を果たしていたガス内燃機関が1907年ごろを境にして一気に凋落するという現象を伴っていた。特定の技術が支配的な地位を占めるまでに，つなぎ的な技術が役割を果たすことがあるという事例であろう。先述のWillans蒸気機関も蒸気タービンの本格的利用開始までのつなぎ機関であったといえよう（小坂，1989参照）。

6）Hannahは，一方で，NESCoのような先進的な企業を生みながらも，他方で，全体としては統率の取れない，とりわけ多様な周波数や電圧の併存など，標準化の障害になる要素を抱えた当時の英国電気事業の特色について言及している（Hannah, 1979：36-54）。

7）占部（1969）を含め，英語文献の訳出に際し，訳者によって同じ言語が異なって訳されるケースがある。本来はそのまま記載するところであるが，本章の読者には混乱を避けるべく，特に頻出する言語，たとえば，Electricity Boardは「電気庁」に統一して表記している。

8）遠山によると，この公共企業体形態指向は，1933年のハーバート・モリソンの『社会化と運輸』において集大成され，そこで，モリソンは大臣が経営責任をもつ政府部局による経営形態を意味するにすぎない「国有化」（nationalization）と「社会化」（socialization）を区別し，「社会化」された産業の経営管理機関は，社会的意識（social conscience）と企業的精神（corporate spirit）と公共目的（public purpose）とをあわせもった公共体（public body）でなければならず，この公共性と営利性の調和は，公共企業体形態においてこそ可能であるとした，と紹介している（遠山，1987：179）。モリソンが扱っている「国有化」と「社会化」の区別問題は当該時期，ヨーロッパ大陸諸国においても共通の課題であった。とりわけドイツにおいては第一次大戦後のワイマール時代の主要問題の一つであったが，本章では，これ以上立ち入ることは出来ない。参考として，松葉（1984）を挙げておく。

9）再公営化・再国有化の世界的動向については次の文献が広くフォローしており，英国に

ついては，David Hall and Cat Hobbs による紹介がある（Kishimoto & Petitjean：2017）。また，野村編著（2000：125-133）は，ブレア政権のもとにおける規制改革に触れながら，労働党の民営化政策に言及しており，示唆的である。

10）電力改革と原子力については，下郡（2015）参照。

参考文献

I. C. R. Byatt（1979）, *The British Electrical Industry 1875-1914*, Clarendon Press・Oxford.

Lesli Hannah（1979）, *Electricity before Nationalisation, A Study of Development of the Electricity Supply Industry in Britain to 1948*, The Macmillan Press LTD, 1979.

Matthias Heddenhausen（2007）"Privatisations in Europe's Liberalized Electricity Markets-the Cases of the United Kingdom, Sweden, Germany, and France" in; *Stiftung Wissenschaft und Politik*, Research Unit EU Integration.

Satoko Kishimoto, Olivier Petitjean（2017）, *Reclaiming Public Services: How Cities and Citizens Are Turning Back Privatization*, Transnational Institute，日本語版（宇野賢介・市村慶訳，岸本聡子監修）（2019）『再公有化という選択─世界の民営化の失敗から学ぶ』山本太郎・ナショナルトランス研究所発行。

David M. Newbery（1999）"The UK Experience: Privatisation with Market Power" Department of Applied Economics, Cambridge, UK, 8 February 1999.

David M. Newbery and Richard Green（1996），"Regulation, Public Ownership and Privatization of the Electricity Industry", in ; Edited by Richard J. Gilbert and Edward P. Berkeley, *International Comparisons of Electricity Regulation*, Cambridge University Press.

Ricardo Gorini de Oliveira, Mauricio Tiomno Tolmasquim（2004）"Regulatory Performance Analysis Case Study: Britain's Electricity Industry", *Energy Policy*, 32.

占部都美（1969）『公共企業体論』森山書店。

木船久雄（2003）「英国の電力改革：NETA 以前・以降の成果と評価」『名古屋学院大学論集　社会科学編』40（2）。

小坂直人（1989）「『電気革命』とドイツ電力産業の形成過程」『北海学園大学経済論集』37（1）。

小林健一（2002）『アメリカの電力自由化』日本経済評論社。

下郡けい（2015）「英国電力市場改革と原子力発電」日本リアルオプション学会機関誌『リアルオプションと戦略』7（1）。

杉平二郎（2002）「英国：電力自由化，規制改革と企業戦略」『IEEJ』。

電気事業講座編集委員会編纂（2007）『電気事業講座 15　海外の電気事業』エネルギーフォーラム。

ティヴィー, L. J. 著／遠山嘉博訳（1980）『イギリス産業の国有化』ミネルヴァ書房。

遠山嘉博（1987）『現代公企業総論』東洋経済新報社。

中村太和（1991）『現代イギリス公企業論―国有化と民営化の対抗―』白桃書房。

野村宗訓編著（2000）『電力　自由化と競争』同文館。

藤田正一（1983）「資本制公企業の本質―その目的を中心として―」『弘前大学経済研究』(6)。

藤原淳一郎・矢島正之監修，（財）政策科学研究所企画（2007）『市場自由化と公益事業―市場自由化を水平的に比較する―』白桃書房。

松葉正文（1984）『金融資本と社会化』有斐閣。

矢島正之（1998）『電力改革　規制緩和の理論・実態・政策』東洋経済新報社。

山内弘隆・澤昭裕編（2015）『電力システム改革の検証―開かれた議論と国民の選択のために』白桃書房。

和田一夫（1982）「ニューカッスル・アポン・タイン電気供給会社の技術選択」『南山大学アカデミア，経済経営編』(74)。

—— 第7章 ——

戦後の英国海運
—コンテナ革命を経て近海 RORO へ—

山本　裕

　七つの海を制覇してきた英国ではあるが，第二次大戦後は海運の衰退が唱えられてきた。本章は英国の海運業に焦点をあて，おもに戦後の海運の趨勢について考察を行う。

　第1節では相対的な地位の低下がみられた英国海運について，世界の海運情勢を概観したうえで，具体的には世界的な「自国船籍優先主義」と「客船事業の衰退」をとりあげる。第2節では1950年代に起こったコンテナ革命と島国である英国の特異性を考察する。現在の英国海運がこれまでの EU のなかで他を圧倒してきたのが近海航路の RORO（ロールオン，ロールオフ[1]：トラック等の車両運搬を行う船）[2] である。第3節では RORO が発展した要因を共通経済圏の存在に求め，東アジアでの事例とも比較する。

　海運業は船主やオペレーターに機能分化し，さらに，便宜置籍船などの複雑な制度もあって一概に英国海運の衰退と断言できないことは本文でも指摘している。事実，ロンドンは今でも世界的な海事都市であり「リーガルサービス，ファイナンス」と「海事テクノロジー」では世界1位と2位との報告もある[3]。

1．戦後の英国海運の衰退

■ 英国海運を取り巻く状況

　第二次大戦後アメリカとともに戦勝国となった英国は，敗戦国の日本やドイツと比べると喪失した船舶[4] や被災した造船所は少なく，海運国としての再建は有利な立場にあった。大戦前の1939年の世界主要国の商船隊の総計は 6,851

万総トンである。トップは英国で1,789万総トン，アメリカは891万総トン，日本は563万総トンであったのに対し，戦後の1948年は総計が8,029万総トン。英国は1,802万総トン，アメリカは2,690万総トン，日本は僅かに102万総トン（日本船主協会，1980：56）であり世界海運市場への復帰も遅れた[5]。また，敗戦国に対する経済復興計画であるアメリカのマーシャルプランによる支援物資の流動，エネルギー革命によるタンカーの大量発注，1950年に勃発した朝鮮戦争による特需が続き，これらの需要を当て込んだ世界の船主（オーナー）は，強気で船舶の発注を行い，英国やノルウェーの船台（造船所）は数年先までいっぱいの状況にあった。さらに，第一〜四次の中東戦争ではスエズ運河が封鎖され海運市況が上昇，海運・造船業ではスエズブームと呼ばれた[6]。

　海運市場の回復と拡大は，一方でオペレーション・コストの低減につながる便宜置籍船[7]を誘発した。当時代表的なリベリア，パナマ，コスタリカ（後年制度を廃止），ホンジュラスの船腹は1949年は300万総トンに過ぎなかったが1959年には1,672万総トンと世界の総船腹の13.4％を占めるまでになった。

　戦後直後には優位にあった英国海運であるが，その後は後退することになる[8]。その具体的な例として世界的な「自国船籍優先主義の台頭」と「客船事業の衰退」を取り上げる。また，英国の投資家たちは資本の論理からすると，収益力が低下した海運業から他産業に乗り換えたとも言うこともできる[9]。背景には旧植民地・英連邦との貿易の縮小，そしてものづくりの中心が1950年代後半以降，日本，NIES/NICS，ASEANそして中国とアジアに移り，それに伴う海運での原材料と製品の輸送は英国船である必要がなくなったことにある。海運業の花形は大洋航路の定期船業（定期船部門）であるが，近代英国海運の歴史とも言えるP&O（Peninsular and Oriental Steam Navigation Company）がオランダ船社との合併を経て，最後はデンマークの船社に売却されたことにも英国海運の後退が象徴的に表れている[10]。

■ 自国船籍優先主義の台頭

　本節では英国海運の衰退の具体的な原因を探る。旅客の海運から空運へのシフト，途上国の海運・造船業のキャッチアップ，北海油田の発見など複数の理

由が考えられるが，まず，戦後各国がとった自国船籍優先主義について考察する。

　自国船籍優先主義（flag discrimination in shipping）の考えは古い。大航海時代のあと世界の覇権を握ったオランダは，自国の優位性を保つためにグロチウスの「海洋自由の原則」をもって，英国やフランスにもオランダ船でアジアやカリブ海の物産の交易を行った。それに対抗してフランスはコルベーユが関税改革を行い，英国ではクロムウェルが1651年（および1660年）に自国船籍優先主義の航海条例（the Navigation Act : Cromwell's Act of 1651, the Act of 1660）を定め，英国との交易に従事できる船を英国船に制限した[11]。

　第二次大戦後，各国で経済復興が進むと貨物を自国商船に積もうとする意識が高まる。アメリカは50・50立法（50：50 legislation of 1948: the ship American laws）を1948年に制定して，復興物資の50％を米船で輸送するよう主張し，1949年には50％は欧州航路などのトレード毎，地域別に計算されることが追加された。

　アメリカの範をとったブラジルでは，1939年には9隻の客船と多くの貨物船をブラジル航路に就航させていた英国のロイヤルメールラインは1950年代には僅か3隻となった。2国間の貿易協定で2国海運のみに限定するものは30にも及び，英国政府は国旗差別的（flagging/flag ship）な自国船籍優先主義に74回もの抗議を行ったが，結果的にあらたな世界的な貿易慣行に反することはできなかったのである（ホープ，1993：144-145）。

▌客船事業の衰退

　産業革命により蒸気機関と鉄を得た海運業では，欧州とアメリカを結ぶ客船（汽船）が就航した。客船は旧大陸から新大陸への移民の交通手段であり1830年代には年間およそ3万2,000人であったものが，第一次大戦前の1900年代には100万人に達している。1939年，英国だけでも外洋の客船は約350万総トンあったが第二次大戦で150万総トンを失い，1946年から1962年までに再び150万総トンを建造したとされる。その典型が1949年竣工のP&Oのヒマラヤ（3代目）で約2万8,000総トン，ローリングの波浪を抑制するためにスタ

ビライザーを装備し，パブリックルームと1等船室には空調，多くの船室には
バスルーム，シャワー，トイレが装備された。

　戦後の客船のピークは1957年で，大西洋航路だけで約100万人が利用して
いる。しかし，実は1952年には同航路の3分の1は航空に流れ，1958年には
2分の1となっていた（図表7-1）。客船の船主の中には船を改造してツーリ
ストクラスの多くの船室を用意したものもあったが，飛行機との運賃競争と航
海日数（海路6日に対して空路6時間）にはまったく効果がなかった（ホープ，
1993：154-158）。このように戦前からの多くの定期船会社が客船事業の継続を
断念していったのである[12]。

　結果的に1970年まで残った英国の客船航路は飛行機に対抗することができた
近海ルートのみで，旅客の約5分の2は英国船で運ばれた。重要性を増したの
が旅客を含めた国際フェリーとROROで，1950年代に北海航路ではじめて導入
されたあと，海峡を横断する多くの在来型の汽船を駆逐し，遠距離の航路にも
就航し定期的な貨客船に位置付けられるようになった（ホープ，1993：174-175）。

図表7-1　大西洋航路の海運と空運（旅客）

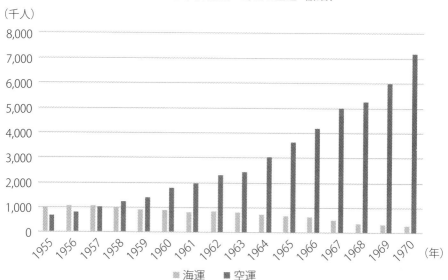

出所：ホープ（1993：157）より筆者作成。

2．英国とコンテナ革命

▎コンテナ革命とインターモダル

　海運業において工業製品や農産品はバルク貨物として，これまで在来型の貨物船によって運ばれてきた。この輸送方法をコンテナ方式に変えることをコンテナ化やユニット・ロードとよぶが，一般的にはコンテナ革命（containerization）とよばれている。第二次大戦中にアメリカなどの軍隊によって利用がはじまったとされるが，商業ベースでは1956年にアメリカのシーランドがニュージャージーからヒューストンまで運んだことをもって嚆矢とされている（レビンソン，2019）。

　コンテナ革命の第1の特徴は，コンテナのサイズや船型，荷役機器に標準化をもたらしたことにあるが，天候任せであった荷役作業が劇的に改善したことが大きい。アルミや鉄の箱であるコンテナの荷役作業は暴風以外の多少の雨や風，雪のなかでも行われ，在来船と比べると定時性が保たれ，事前に公表される配船スケジュールが守られるため，今日では世界中に工場を立地させるグローバルな製造業でも，そのサプライチェーンの中心にコンテナ輸送を据えている。

　コンテナ革命の第2の特徴はインターモダル（intermodal：複合一貫輸送）にある。インターモダルとは一つのコンテナがトラック，コンテナ船，鉄道など複数の輸送モードで運ばれることである。例えば，関西にあるテレビ工場から出荷されたコンテナは神戸港まで陸送され，北米航路の本船に積み込まれる。ロサンゼルス港で降ろされたコンテナはヤードの船側迄伸びたブロックトレイン（コンテナ専用列車）に積み込まれ，シカゴのレールランプ（貨物鉄道専用のデポ）で降ろされる。最後はトラックでシカゴ郊外の指定倉庫か，時には家電量販店のバックヤードに直付けされ，製品は商品としてすぐに店頭に並ぶことも可能である。インターモダルによる世界規模のコンテナネットワークは，国際輸送をあたかも国内輸送のようにドアツードアを可能とし，グローバルなサプライチェーンの強力な基盤となっている。

▌英国のコンテナ輸送の制約

　このような特徴とメリットのあるコンテナ輸送であるが，英国はそれを十分に享受してきたのであろうか。資本集約型産業とも言えるコンテナの導入がなされたのはアメリカの次に欧州であった。1970年，欧州全体のコンテナ貨物の取扱量が2,025万トンに対して英国は一国で971万トンを誇り，コンテナの取扱い個数は約200万個とされた。また，1972年開設の欧州・極東航路には英国船社のコンソーシアムであるOCL（Overseas Containers Ltd）に加えベンライン（Ben Line）もあり，コンテナ化当初は英国は海運国の面目を保った（山岸，1971）。しかし，結論からすると，背後圏貨物に乏しく島国である英国は，日本同様鉄道輸送や河川交通のバージ（barge）輸送にも制約があり，インターモダルのメリットを享受できずコンテナの取扱量を伸ばせていない[13]。また，内航海運はあるものの，その多くをトラック輸送に頼ることになった。

　大陸国家である北米（アメリカとカナダ）と欧州の大陸側のドイツやオランダ，ベルギーなどは国境をまたぐコンテナ専用列車であるブロックトレインの恩恵を受けることになる。近年では，業界に課された温室効果削減のためトラックからバージや鉄道に転換するモーダルシフトが行われているが，ライン川やエルベ川に匹敵する大河がない英国ではインターモダルが十分に活用できないことは先述の通りである。

図表7−2　サウサンプトン（Southampton）

出所：APL Archives.

　同じ島国である英国と日本の違いは，日本には 60 を超える外貿コンテナ港が全国津々浦々にあり，その多くが韓国の釜山港とつながる外航航路をもっており，釜山港をハブ港とする基幹航路（trunk line）で世界とつながっていることだ。そのつながりの強さは日本のハブ港である神戸港や横浜港との紐帯をしのぎ，日韓航路のフィーダー（feeder service：支線）と基幹航路の母船とのネットワークは国際的なインターモーダルと考えることもできよう。

　英国は，ロンドン近郊のサウサンプトン（Southampton），フェリックストウ（Felix stow），ロンドンゲートウェイなどのコンテナ港に基幹航路が就航しているが，かつてはサウサンプトンとともに大西洋の定期航路の起点の一つであったリバプールやコンテナ化の初期の主要港であったグランジマウス（エディンバラ）にはもはや基幹航路はない。

　英国の港湾は，対岸のルアーブル（Le Havre, フランス），アントワープ（Antwerpen, ベルギー），ロッテルダム（Rotterdam, オランダ）などのコンテナハブ港とフィーダーでも結びつきはあるが，英国の海上輸送の特徴はむしろ大陸側とのRORO にある。次節では，英国の最も特徴的な海上輸送であるこのROROについて詳しく見ることにする。

3．欧州最大の英国の RORO

▎欧州の近海輸送

　はじめに欧州の近海輸送を概観すると，液体バルク貨物（Liquid bulk）が8億2,845 万トンでトップ，続いて7億2,176 万トンの RORO，4億1,752 万トンの乾バルク貨物（Dry bulk），3億 424 万トンのコンテナ（Container）となっている（図表7‒3）。液体バルクには重油や石油製品が，乾バルクには鉄鉱石や石炭，小麦などの穀物が含まれ，欧州に限らず多くの地域で上位を占めるが，RORO が3割以上のシェアをもつのは，域内に北海やドーバー海峡，地中海を有し，さらに，共通経済圏をもつ欧州の特徴と言える。

　次に，図表7‒4 は RORO の上位国を表すが，1位の英国は9,123 万トン（2019 年）で2位のイタリア（6,006 万トン）の 1.5 倍ほどの輸送量となってい

図表７－３　EU28の近海輸送：貨物別シェア（2019年）

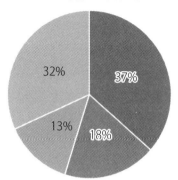

■ Liquid bulk ■ Dry bulk ■ Container ■ RORO

出所：eurostat［MAR_SG_AM_CWK$DEFAULTVIEW］（2021
年）より筆者作成（元の単位はトン）。

る。そのほか上位には北部がバルト海に面するドイツ，英国の対岸のフラン
ス，オランダ，ベルギー，それにイタリア，フランスと同様地中海を有するス
ペインなどが入っている（北欧諸国はこの表からは除いている）。

▍速達性に勝る RORO

　人とモノの往来が自由とされる EU では，貨物を積んだ車両（トラック）も
一定の制約のもとに自由な走行が認められてきた。したがって，アジアからル
アーブルやアントワープ，ロッテルダムのハブ港で揚がり欧州市場用に流通加
工が必要とされるコンテナ貨物は，それらの港頭地域の物流倉庫などで施さ
れ，英国にはコンテナ船ではなく RORO でドーバー海峡に面するカレー
（Calais, フランス）やゼーブリュージュ（Zeebrugge, ベルギー），ロッテルダムか
ら車両で運ばれることになる。

　RORO はドライバーの乗ったトラックの他に，無人のトレーラートラック
やコンテナも輸送することができる。専用の荷役機材を使いリフトオン，オフ
が必要なコンテナ船とは異なり，RORO であれば着岸と当時にトラックは走
り出すことができるため，国境で通関や検疫がほぼない EU のような共通経済
圏では速達性の高さを十分に発揮することができる[14]。このようなロジスティ

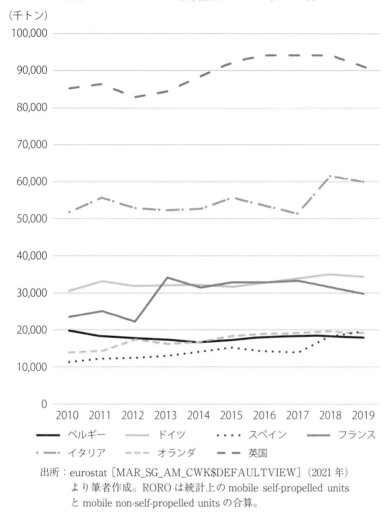

図表7－4　EU28の近海輸送：RORO（2019年）

出所：eurostat［MAR_SG_AM_CWK$DEFAULTVIEW］（2021 年）より筆者作成。RORO は統計上の mobile self-propelled units と mobile non-self-propelled units の合算。

クス（logistics）は，流通加工を必要とするアジアからの輸入貨物のみならず，EU 圏内の輸送により消費や，製造を支えるサプライチェーンに対しても大きな貢献となり，英国の生活や産業の基盤となってきた。

図表7－5　英国からロッテルダムに入港する DFDS Seaways の RORO 船

出所：筆者撮影（2018 年 11 月 9 日）。

図表7－6　英国の近海輸送：RORO とコンテナ

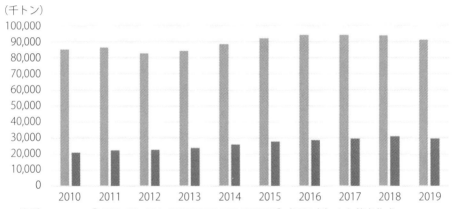

出所：eurostat［MAR_SG_AM_CWK$DEFAULTVIEW］（2021 年）より筆者作成。

　図表7－4 より EU28（加盟 28 ヵ国）の RORO では，英国の取扱量が最も高いことが判った。また，国内の輸送分担では，EU 諸国の平均的な RORO とコンテナとの違いよりも大きな差が見て取れる（図表7－6）。英国では RORO の 912 万トン（2019 年）に対してコンテナは約 300 万トンでしかない。

　コンテナは一度ヤードに搬入する必要があり，そのカット（締め切り）は概ね出港日前日の 16 時に設定されている。つまり，貨物が半日以上ヤードで滞貨することになる。また，到着後も，コンテナ 1 本ずつではなくコンテナ船全

図表 7－7　トラック輸送（ロッテルダム市内）

出所：筆者撮影（2018 年 9 月 6 日）。

体の揚げ荷のマニフェスト（輸入申告書）の許可を待つ必要があり，機動性や速達性は RORO の車両には及ばない。特に生鮮貨物にとっては半日の違いはマーケットに対して致命的ですらある。

▌Total Logistics Cost とは

　RORO の優位性を示す指標として Total Logistics Cost（以下，TLC）の考え方がある。ここでは藤原・江本（2013：124 ～ 135）の日中韓での実証的な研究を基にした TLC の概念を紹介する。藤原が着目したのは，EU と比べ RORO の輸送比率が低い日本の近海輸送で，荷主に RORO の特徴が十分に理解されておらず，また，コンテナや航空貨物と比べた RORO の特徴を明示することが実業界の啓蒙にもつながるとの考えであり，その特徴を表す概念として TLC がある。

　航空貨物は最短ではあるが，運賃はコンテナの 10 倍ほどである。コンテナは 3 者の中では輸送コストは低廉であるが，寄港頻度は週一度でラストワンマイルにはドレージ（牽引）が必要となる。また，シャトル便でない限り消席率（utilization）を上げるために複数の港に寄ってハブ港までたどり着く。それに比べると RORO は基本的には毎日の就航で，ほぼ 2 地点間のシャトル便輸送，運賃レベルはコンテナと航空の間とされる。実際の近海航路は，下関・釜山間の関釜フェリー，博多・釜山のカメリアライン，大阪神戸・上海の日中国際

図表 7 － 8　Total Logistics Cost の概念

出所：藤原・江本（2013）：124 ～ 135 頁より筆者作成。

フェリー，博多・上海の上海スーパーエクスプレス（休止中），博多・沖縄・
高雄（台湾）の琉球海運[15] などである。
　この中で，世界的な自動車メーカーの釜山郊外の工場と福岡県の苅田の組み
立て工場では生産ラインに結び付く部品のサプライチェーンが関釜フェリーを
使って行われてきた。その成功事例などから，TLC の重要性が説かれている。
TLC の特徴は輸送機関だけではなく，調達や配送を含めた総合的なリードタ
イム（＝時間コスト）を重視し，製品（輸送貨物）の陳腐化率や在庫金利なども
含めた包括的なロジスティクスの考え方にある。陳腐化が大きいものは生鮮類
やシーズン初めのアパレル類などである。図表 7 － 8 に含まれないものとして
は，コンテナ荷役の作業に伴う貨物への衝撃（バイブレーション），自動車メー
カーへの部品供給などサプライチェーンのミルクランでは大きな力を発揮する
ウィング車の効率的な利用，情報の一元管理などである。
　英国の RORO 利用が高いのは，大陸側との製造関係のサプライチェーンも
あるが多くは消費財の輸入で，これは経済共同体の一員として，関税や植物と
動物の検疫，さらに，車両の相互乗り入れなどの物流コストが低く抑えられ，
今日の英国の流通システムに RORO が深く組み込まれてきたからである。

▌RORO の海難事故
　英国では大陸との海上輸送はコンテナではなく RORO が凌駕してきたこと

を考察したが，1988 年の海商法（Merchant Shipping Act）の先駆けとなったの
が，1987 年 3 月 6 日に起こった M/S Herald of Free Enterprise の転覆事故で
あった。193 名が亡くなり，この数字は英国海運史上タイタニックの悲劇に次
ぐものとなった。ドーバー・ゼーブリュージュ（ベルギー）からの復航で起き
たこの海難事故は，疲れて寝入ってしまった担当の AB（Able Seaman）が，な
んと車両搬入後，バウの扉（船首のランプウェイ）を閉め忘れて出港し，瞬く間
に浸水して大惨事となった。その扉はゼーブリュージュ港の岸壁と高さが合わ
ず，かなりのバラスト（バランス調整のための海水）を張って船足を入れていた
ことも惨事を大きくした。当時は英国海運の凋落が明らかになってきた頃で，
サッチャー政権下，コスト削減のための労働強化も一因とある（BBC News 6
March 2017 "Zeebrugge Herald of Free Enterprise disaster remembered"）。この事
故を契機とした翌年の海事法（Shipping Act）では，船長の責任がより重くな
り，以降職務怠慢に対しては 5 万ポンド以下の罰金となった。

▌東アジアから英国を臨む

環黄海を挟む日中韓は，地勢的には欧州と似た位置づけにある。だが，
RORO 活用の実態は，藤原の研究にもあるように遠く及ばない。3 国間の輸送
は，量的にはコンテナ船が圧倒的で，日中間の国際 RORO 船や国際フェリー
では休止中の航路や，旅客をとることを止めてしまった航路もある。また，共
通経済圏ではないため，関税の他にも品目によっては検疫や通関が複雑で，基
本的に車両の相互乗り入れも認められていない。そのために，ダブルナンバー
を掲げ，通行範囲にも制限があり，輸送品目も限られ EU とは比較にならない
ほどである。

戦後英国の海運業は国際交通の革命といわれるコンテナ以上に，RORO を
最大限に活用し流通や産業の基盤としてきた。BREXIT の移行期間から一年
足らずでその影響を推し量るのは時期尚早ではあろう。しかし，大陸側の輸出
となる多くの生鮮類や消費財に関しては，これまでと大きな違いはないと考え
られる。問題は英国の製造業を中心とする輸出産業で，これまでに近い関税協
定と非関税分野での待遇が得られなければ，ものづくりの分野では今後苦戦す

るることも考えられる。しばらく注視したい 。

【注】

1）コンテナは荷役機材を使ったリフトオン，リフトオフ（LOLO）となる。

2）欧州では車両輸送を伴う国際フェリーと RORO 船の両者を ROPAX と呼ぶが，本章では両者をまとめて RORO と記すこととする。なお，最初の RORO は 1957 年に竣工した Atlantic Steam Navigation の Bardic Ferry とされる（ホープ，1993：158）。

3）「世界の海事都市ランキング」日本海事センター。日本海事新聞（2019 年 5 月 31 日）に掲載。

4）日本は喪失船の補償は完了を待たずに終了。その後は建造補助に移ったが，英国の補償は 100％で総額は 2 億 6,857 万 4,000 ポンドにも及んだ（海事産業研究所，1969：51）。

5）総司令部当局の調整もあって日本船が南米航路（南ア経由）に復帰できたのは 1950 年。ニューヨーク航路，シアトル航路は 1951 年，欧州航路は 1952 年と邦船社の国際海運市場への復帰は戦勝国の船社に大きく遅れることになった（日本船主協会，1980：63）。

6）とくに海運・造船業に影響が大きかったのは第二次中東戦争で，スエズ運河は 1956 年 11 月から 1957 年 3 月まで閉鎖。中東から欧州に喜望峰を周る航路では 6,500 海里が 1 万 1,000 海里に延びるため，油槽船の運賃インデックスは 1955 年の平均 118.7 が 1957 年 1 〜 3 月は 303.9 〜 396.2 に急激に上昇した（日本船主協会，1980：86-88）。

7）FOC 船：flag of convenience vessel。「便宜置籍船の魅力は，税金と国の規制，すなわち船の装備基準，マンニングスケール，船員の資格基準，賃金スケール，社会福祉事業諸費用からの解放である。」（ホープ，1993：162）。

8）英国の世界船腹に対するシェア（500 総トン以上）は 1939 年が 27.5％，1960 年は 16.4％，1968 年は 11.2％と戦後は下降傾向をたどった。ちなみに 1968 年の日本のシェアは英国に近づき 10.5％に拡大した（海事産業研究所，1969：10：14）。

9）1956 年の P&O（グループ）課税後の純益は僅か 2.5％，それに対して国際的な食品会社のユニリーバは 10％。「英国船主は道を誤って海運業をやり，代わりにマーガリンでも売った方がいいのではないかと」（ホープ，1993：167）。

10）確かに英国海運の相対的な低下は考えられるが，オペレーターと船主の機能分化や便宜置籍船の問題もあり，この短い論考で英国海運の衰退を断定することは難しい。また，ロンドンは今でも世界有数の海事都市であることは疑いない。

11）英国船とは船長及び乗組員の 4 分の 3 を英国民とすること。アジア・アフリカの英国の植民地およびアジア・アフリカからの輸入は英国船に限る。英国の沿岸輸送は英国船に限るなど。したがって，オランダ商人が英国に輸出する際には英国船社と用船契約を結ぶ必

要があった（フェイル，1957：182-213）。

12) 英国船ではないが，米国船の APL が客船事業を断念した経緯が詳しい（Niven, 1987：232~239）。そこでは新たな客船の予備設計，既存の定期船航路との寄港地の調整，政府助成，中古客船の買収計画，船員の組合問題などが複雑に絡むことが記されている。また，客船事業とクルーズ事業は似て非なるものである。客船とクルーズとの関係は池田を参照されたい（池田，2018：13）。

13) 1980 年の欧州でのコンテナの取扱量は英国のフェリクストゥは，ロッテルダム，ハンブルク，アントワープ，ブレーメンに次いで 5 位の 39 万 TEU，6 位がサザンプトンで 36 万 TEU。2019 年の速報値では，世界のトップ 30 に入る欧州のコンテナ港湾はロッテルダム，アントワープ，バレンシア（スペイン），アルヘシラス（スペイン）だけで英国の港湾は入っていない（国土交通省統計情報）。

14) 欧州では 1990 年代に貨物の EU 域内自由化の制度が整備された。域内カボタージュの段階的撤廃（1993 年）や手続きの簡素化，トラックのカボタージュ撤廃（1998 年）である。BREXIT 前の英国の近海海上輸送の ROPAX のシェアは，オランダ・ベルギーなど（Near Continental）で 77%，スカンジナビア諸国で 80%，バルト海で 35% との調査結果がある（2013 年 JICA「ASEAN　RoRo 船ネットワーク構築に係わる情報収集・確認調査」）。

15) 詳しくは山本（2013）の乗船記を参照されたい。

参考文献

Artmonsky, R., (2012) *P & O : A History*, Oxford, Shire Library.

Fayle, C. E., (1933) *A Short History of the World's Shipping Industry*, George Allen & Unwin Ltd.（アーネスト・フェイル，佐々木訳（1957）『世界海運業小史』日本海運集会所）

FUJIWARA, T., YAMAMOTO Y., (2013) "Seamless Logistics by Ferry and Ro-Ro Shipping in Northwest Asia" *The 6th International Conference of Asian Shipping and Logistics*, Kobe Japan（proceeding: full paper）: 375-389.

Hope, R., (1990) *A New History of British Merchant Shipping*, John Murray Ltd, London., 306-487.（ロナルド・ホープ，三上訳，日本海運集会所編集（1993）『英国海運の衰退』近藤記念海事財団）

Levinson, M., (2016) *THE BOX: How the Shipping Container Made the World Smaller and the World Economy Bigger*, Second Edition, Princeton University Press,

Princeton and Oxford.（マルク・レビンソン，村井訳（2019）『コンテナ物語』増補改訂版，日経 BP）

NIVEN, J., （1987） *The American President Lines and Its Forebears, 1848-1984*, Newark, University of Delaware Press.

池田良穂（2018）『基礎から学ぶクルーズビジネス』KAIBUNDO。

海事産業研究所（1969）『諸外国における戦後海運助成史』運輸省。

JICA（2013）「ASEAN　RoRo 船ネットワーク構築に係わる情報収集・確認調査」。

日本船主協会（1980）『日本船主協会 30 年史』日本船主協会。

藤原利久・江本伸哉（2013）『シームレス物流が切り開く東アジア新時代―九州・山口の新成長戦略―』西日本新聞社。

山岸寛（1971）「英国交通事情におけるコンテナリゼーション概説」『海外海事研究』30（通巻第 75 号）海事交通文化研究所（山縣記念財団）。

山本裕・男澤智治（2020）『物流を学ぶ　基礎から実務まで』中央経済社。

山本裕（2013）「内航と外航の狭間　琉球海運「みやらびⅡ」乗船から考える外航RORO・フェリーの課題」『KAIUN』No.1050，50-51 頁（日本海運集会所）。

国土交通省統計情報（https://www.mlit.go.jp/statistics/details/port_list.html）（2021 年 8月 5 日アクセス）。

第8章

英国チャールズ皇太子と統合報告

宮地晃輔

　本章では，英国チャールズ皇太子（以下，チャールズ皇太子）[1] が今日の企業情報開示のための報告書である統合報告（Integrated Reporting）の発展に与えた影響を整理したうえで，日本企業の統合報告への取り組みについて，環境製品メーカーである三浦工業株式会社（本社：愛媛県松山市，以下，三浦工業）[2] の事例を用いて論じることを目的とする。

　統合報告は統合報告書と呼称されることがあるが，本章ではその意味は同じとして取り扱っている。統合報告とは，世界経済や各国経済および地球環境に対して強い影響力（インパクト）をもつグローバル企業やわが国の上場企業[3] の経営に関して，これら企業に対する資本提供者である機関投資家[4] と，資本の受託者である経営者との対話を目的として経営者自身が作成し，社会に向けて開示（発信）されることを目的とした報告書である[5]。今日の統合報告の枠組み形成の端緒となったのがチャールズ皇太子による A4S（The Prince's Accounting for Sustainability Project）の提唱である。

1. チャールズ皇太子と A4S

▊ 統合報告の端緒

　グローバル企業や上場企業の事業活動は，各国の国力形成や多くの人々の生活に影響を与えるが，サスティナビリティ（Sustainability：持続可能性）の視点から企業活動に対する規制の実施および社会的要求が，今日高まっている。サスティナビリティの視点からは，営利企業（以下，企業）は利益獲得活動を短

期・中期・長期の視点からバランスよく実行する必要があるが，その推進力となるのが，ステークホルダー（株主・投資家・従業員・取引先・消費者など）との間での価値観と方向性の共有である。共有のためには経営者とステークホルダーとの対話が必要になるが，この対話の成立に統合報告が役割を果たすことになる。

　前述したとおりチャールズ皇太子は，現在の統合報告の枠組みの形成に対して強い影響を与えている。その理由として，統合報告が本格的に検討される契機となったのが，チャールズ皇太子によって開始されたプロジェクトであるA4Sにあることがあげられる。この点について伊藤嘉博によれば，「2004 年には英国のチャールズ皇太子によって A4S（Accounting for Sustainability）が組織された。これは，企業行動の長期的かつ広範な影響を考慮しながら，21 世紀に直面するサスティナビリティ関連の課題に対応可能な意思決定と報告のためのシステムの開発を目指すプロジェクトであった」（伊藤, 2016：31）と説明している。

　日本公認会計士協会による A4S の説明によれば，「2004 年に英国チャールズ皇太子により開始され，企業行動による長期的かつ広範な帰結を考慮しつつ，21 世紀に直面する持続可能性課題に対応することのできる意思決定及び報告システムを開発しているプロジェクト。A4S は，企業，投資家，政府，会計士団体，市民社会及び学識者と共に，一般に受け入れられる統合報告フレームワークの必要性についての共通認識を得るとともに，持続可能性を意思決定プロセスに反映させるための実務的ガイダンス及びツールを開発している」（日本公認会計士協会, 2010：1）としている。

　以上の伊藤嘉博と日本公認会計士協会の A4S に対する説明から理解できるとおり，チャールズ皇太子は今日の統合報告の端緒的流れを作った人物である。

　A4S は，2010 年に GRI（Global Reporting Initiative）とともに IIRC（International Integrated Reporting Council：国際統合報告評議会）の設立を行い，その後 IIRC 統合報告フレームワークが公表され，統合報告の在り方の議論及び実務に大きな影響を与えることになる。この点から統合報告に果たしたチャールズ皇太子の貢献が強く確認できる。

　IIRC 統合報告フレームワークは，企業経営者による統合報告（統合報告書）

の作成・公表の実務指針（ガイドライン）となり，統合報告の普及に大きな役割を果たした。IIRC 統合報告フレームワークの源流がチャールズ皇太子の A4S であったことを考えれば，英国発の統合報告が現在，日本の上場企業にも浸透している。

　現在，日本の上場企業の中で，伊藤忠商事，オムロン，カゴメ，九州電力，三浦工業，日本ユニシス，積水化学工業，東洋エンジニアリング，日立物流，帝人，NTT ドコモ，三井物産，FFG グループ（ふくおかフィナンシャルグループ）などの企業が統合報告（統合報告書）を作成し開示している。

2．IIRC 国際統合報告フレームワークの重点

■ 統合報告の基本的構造

　IIRC は，統合報告の主たる目的を以下の内容で説明している。前述したとおり統合報告と統合報告書は同じ意味である。IIRC は「統合報告書の主たる目的は，財務資本の提供者に対し，組織がどのように長期にわたり価値を創造するかを説明することである。統合報告書は，従業員，顧客，サプライヤー，事業パートナー，地域社会，立法者，規制当局，及び政策立案者を含む，組織の長期にわたる価値創造能力に関心をもつ全てのステークホルダーにとって有益である」（IIRC 2013：2, 訳 4）と説明している。

　上記の説明の中での組織を企業に限定すると，企業の長期的価値創造に対する経営者の考えや方向性・プロセス（歩み）を財務資本の提供者である投資家に説明することが統合報告書の目的であるとの主旨を IIRC は説明している。また，これらの説明は投資家のみならず企業の従業員・顧客・取引先・債権者（取引銀行等）・地域住民等のステークホルダーにとって有益性を発揮することを指摘している。

　日本企業は，2008 年 9 月のリーマンショック，2011 年 3 月の東日本大震災，2019 年 12 月以降の新型コロナウイルス感染症（COVID-19）の拡大といった，経済危機（金融危機），自然災害，感染症拡大を約 15 年間の短い間隔の中で経験した。日本企業は，ひとたびこれらが発生した際には正常な事業活動が阻害

されることが生じる。たとえば製造業であれば，サプライチェーンに参加する協力企業や取引先との正常取引が困難になること，または寸断されることにより材料・部品調達に支障をきたし製品生産が滞ることが生じる恐れがある。

　現実にこれが発生すれば企業業績の悪化とこれに伴う雇用の不安定化を生み出す可能性が高まる。企業業績の悪化は，株主配当や従業員報酬及び納税額減少による国の歳入にマイナスを与える。これらは経済的価値の毀損（損失）に関わる問題であり，この毀損を極力回避するために，日常からの企業によるリスクマネジメントのあり方が問われるが，これも企業による長期的価値創造の問題になる。IIRC 国際統合報告フレームワークは，組織の長期志向を根底にしたフレームワークであり，この点は重点の一つとして最初に理解されなければならない。

　IIRC は，長期的価値創造における価値には 2 種類あるとして，「組織自身に対して創造される価値であり，財務資本提供者への財務リターンにつながるもの。他者に対して創造される価値（すなわち，ステークホルダー及び社会全体に対する価値）」（IIRC 2013：10, 訳 11）と説明している。財務資本提供者への財務リターンにつながる価値は経済的価値であり，ステークホルダー及び社会全体に対する価値は社会的価値である。

　企業が創出する価値について IIRC が示した見解は，国際統合報告フレームワークの中でも重点の一つといえる。企業及びその経営者による行き過ぎた短期利益志向に対する反省は，リーマンショックの際にも見られた傾向であるが，経済産業省プロジェクト（伊藤レポート）最終報告書で示された内容にその根拠を確認することができる。

3. 経済産業省「持続的成長への競争力とインセンティブ 〜企業と投資家の望ましい関係構築〜」プロジェクト（伊藤レポート）最終報告書

▌伊藤レポートを考えるための今日的前提

　通常，グローバル企業や上場企業の経営者は資本提供者である機関投資家の

存在を強く意識した経営を行っている。伝統的な機関投資家像としては，経営者に対して経済的価値の増大に重きを置いた投資家像が支配的であった。しかしながら今日の気候変動や新型コロナウイルス感染症拡大を原因として，地球環境や人間の生存環境に対する脅威を背負った状態のもとでは，正常な事業活動を阻害する要因が発生するリスクが増大しており，このことは機関投資家のもつ伝統的な姿勢にも変化を促してきた。

　このような環境のもと現在の企業では，SDGs（Sustainable Development Goals：持続可能な開発目標）の台頭により，経済的価値および社会的価値の創出をステークホルダーとの対話を強めて実現していくことの必要性が，2021年段階で格段に増加している。企業による長期的価値創造は企業のみの努力だけでは継続することが困難であり，いわばステークホルダーとの共同歩調のもとに実現されるものである。

　企業経営者が，資本提供者（株主）に対して利益配当等の経済的リターンといった経済的価値を増加させることは，伝統的な社会的責任（Corporate Social Responsibility：CSR）遂行の重要な一部であるが，今日，地球環境保全や社会貢献といった社会的価値も増加させなければ資本市場や商品売買市場など各市場の参加者から責任遂行を評価されないフェーズ（局面）に直面している。

　企業経営者の置かれている現状に対して，各ステークホルダーには経営者責任が円滑に遂行されるようにそれぞれの立場から積極的な支援の態度を取ることが期待されるが，価値創造活動の一翼を担い，そこで得られた果実（経済的価値・社会的価値）をステークホルダー全体で享受できるように，その実現に向けて行動しなければならない。このことはSDGsにおける「誰一人取り残さない」[6]というテーマにも通じるものであり，特定のステークホルダーに有利に働く企業経営ではなく，一部のステークホルダーが経済的・社会的関係において取り残されることがないように配慮されなければならない。伊藤レポートは，SDGs時代の企業経営者の思考のあり方に一石を投じるものであった。

■ 伊藤レポートの重点

　上場企業の経営者は機関投資家からのROE（Return on Equity：株主資本利益

率)[7]の向上など経営に対するプレッシャーを感じながら重大な意思決定を行うことが多いと容易に想像される。ROEは株主が企業に対して出資をした資本（資金）が，どの程度，当期利益（企業が獲得した最終的な利益）に結びついているかを表す指標であり，一般的にROEは高いほうがよいとされている。機関投資家はROEに対して最大の関心を寄せることから，上場企業の経営者はROEを高める経営を意識している。

　他方，上場企業の経営者は，機関投資家を中心とした投資家との対話を深め，中長期的な視点からの経済的価値及び社会的価値の創出が求められている。投資家との対話を深めるためには，対話のきっかけとしての企業側からの情報開示（働きかけ）が必要になるが，統合報告（統合報告書）はその一翼を担うものである。

　今後，日本の人口減少は加速度的に進み，国力（経済規模）を維持することは容易ではない。国力の担い手である日本企業が今後，グローバル市場（顧客市場・資本市場）で競争力を高めるためには，イノベーション力はもとよりそれを支えるための資本調達力の高さが不可欠となる。今後，日本国内から日本企業に拠出される資本（資金）は，人口減少スピードに生産性向上が追いつかず，企業業績や労働分配の向上が見られなければ減退することになる。

　他方，資本調達のグローバル化の進展は一段と進み，外国の機関投資家からいかにして経営に対する共感を得ることができるかは，日本の上場企業経営者としてはプライオリティ（優先順位）が高いものとなる。共感を得るためには，対話が必要であり，良質な対話実現のためには企業経営者自らの言葉による発信が必要になり，発信手段として統合報告（統合報告書）が重要な役割を果たすことになる。

　伊藤レポートの重要な指摘に以下の点がある。「企業側は，投資家が足下の業績のみに注目して中長期的な活動に関心がないこと，安定よりも変化（サプライズ）を求め過ぎることを嘆く。一方，投資家側は，企業経営者が企業価値やROE等の収益性指標を経営に組み込んでいないこと，中期経営計画等の実行力が低いこと，他律的ガバナンス構造が導入されていないことを批判する。対話の基礎となる情報開示についても，企業側は，投資家が四半期等短期の業

績数値のみを追いかけ，企業が発信する非財務情報（ビジョン，イノベーション活動，CSR 等）に関心がなく，投資判断に必要な長期的な情報とは何かを伝えてこないことを憂慮する。一方，投資家は，企業からの開示がルールにもとづくコンプライアンス情報開示ばかりで，長期的な企業価値を判断するために真に欲しい情報が開示されないことに不満を抱いている」（経済産業省，2014：3）と指摘する。

　ここでの伊藤レポートの指摘内容を見れば，2014 年時点では，企業側と投資家側の意識に大きな乖離があることが理解できる。この点からも企業側（経営者側）と投資家の対話の必要性は高かったといえる。企業経営者による機関投資家への対話の口火を切る統合報告の構造について以下に論じる。

4. 統合報告の主要なポイントと役割

▌財務情報と非財務情報

　統合報告で開示（公表）される情報には，企業情報としての財務情報と非財務情報の 2 種類がある。財務情報とは企業が所有する現金・預金，売掛金，商品，土地，建物といった資産や，企業が獲得した売上高，売上総利益（粗利），営業利益，経常利益，当期利益など貨幣単位で表される情報である。これに対して，非財務情報には経営者のメッセージ，企業の地球環境保全への取り組み，コーポレート・ガバナンス体制，社会貢献活動に対する説明など，貨幣単位以外の物量単位情報や記述的情報がある。経営者によるステークホルダーへのメッセージは，統合報告における非財務情報に該当する。

　古賀智敏は統合報告とは何かについて，「統合報告とは，財務情報と非財務情報とを統合化した最新のコミュニケーション・ツールである」（古賀，2015：2）と説明している。統合報告の役割は，上場企業の経営者が継続的・長期的な価値創造を実現できるように，上場企業各社に対する資本（資金）拠出者として経営に対する影響力が強い機関投資家と経営者との対話の質を高めることで，私企業としての利益追求と公益性（公共性）の追求の双方を効果的に行うことができるようにするためのコミュニケーションを成立させることにある。

図表8−1　統合報告の主要なポイントと役割

項　　目	内　　容
主要ポイント	①チャールズ皇太子が，今日の統合報告の端緒的流れを作っている。 ②上場企業の経営者が，主に機関投資家との対話を目的に作成・開示する報告書である。 ③財務情報（企業の売上高・利益などの情報）及び非財務情報（企業の環境保全活動，コーポレート・ガバナンス体制，社会貢献活動などの情報）によって構成される報告書である。 ④統合報告で提供される情報は，機関投資家のみならず他のステークホルダー（債権者（銀行など），取引先・従業員・顧客・地域住民など）にとっても有益である。 ⑤企業経営者によって任意（自主的）に作成・開示される報告書である。
役　　割	①上場企業各社に対する資本（資金）拠出者として経営に対する影響力が強い機関投資家と経営者との対話の質を高めること。 ②上記①を実現させることで，上場企業各社の経営者が，私企業としての利益追求と公益性（公共性）の追求の双方を効果的に遂行できること。 ③統合報告は，上場企業各社の経営者が継続的・長期的な価値創造を前提とした経営を推進することをサポートする。

出所：筆者作成。

　ここで注意しなければならないのは，企業が長期的な視野に立っての価値創造（経済的価値・社会的価値の創造）の実現を目指すことは，短期的・中期的視野との良いバランスがあってはじめて成り立つものであるという点である。企業は1年単位での短期利益計画を策定し，これを予算編成することで企業目的を達成しようとする。短期利益計画の達成は短期的視野の領域であるが，これが達成されなければ，中期的・長期的な展望が描きにくくなる。したがって，短期・中期・長期のバランスという視点が企業経営の中で抜け落ちることを回避しなければならない。

　統合報告とは何かについて，その主要なポイントを整理したものが図表8−1である。

　統合報告の主要ポイントには，チャールズ皇太子が潮流の端緒的流れを作っていること，統合報告は経営環境の変化が速いにもかかわらず気候変動問題に起因する環境対応やSDGsといった課題に対して長期的視野に立った経営の必

要性が高まる上場企業の経営者が，資本拠出者である機関投資家との相互理解を深める目的を有することなどがある。また，統合報告を通じて発信される企業情報は，機関投資家にとどまらず取引銀行（債権者）・顧客（消費者），従業員，就職を目指す学生・地域社会の住民等のステークホルダーも開示企業のホームページを通じて容易に入手可能な状態にある。統合報告は，幅広いステークホルダーとの対話のツールとしての役割を有している。

　図表8－1における統合報告の主要なポイントと役割をふまえたうえで，三浦工業における統合報告書について，以下に考察をする。考察のポイントとして，統合報告が上場企業の経営者による機関投資家との対話のきっかけとしての性質を有することから，同社統合報告書の社長メッセージを取り上げる。

5．三浦工業の『統合報告書 2021』における社長メッセージ

■ 「対話」のプロセス

　三浦工業の『統合報告書 2021』（報告対象期間 2020 年 4 月 1 日～ 2021 年 3 月 31 日）では，展開する事業内容として同社を中心とする「ミウラグループは，主にボイラおよび関連機器などの製造販売・メンテナンスを手がけています。主力の貫流ボイラとボイラ技術を基盤とする水処理機器，食品機器，メディカル機器，排ガスボイラなどの機器を組み合わせた，工場の『トータルソリューション』をグローバルに提供し，メーカー独自の『ワンストップメンテナンス』を展開しています」（三浦工業，2021：30）と説明している。

　社長メッセージの冒頭では同社代表取締役社長執行役員 CEO の宮内大介氏より，「ポストコロナ時代を見据え熱・水・環境の分野でのトータルソリューション力で環境課題の解決に貢献していきます」（三浦工業，2021：4）と述べられている。

　三浦工業は，グローバルに環境製品の製造販売，メンテナンス事業を展開し，かつ東証一部に上場していることから，統合報告（統合報告書）に取り組む必要性は高かったと考えられる。

　同社が展開する環境ビジネスは，深刻化する地球温暖化に対するビジネス面

図表8−2　三浦工業の統合報告書2021における社長メッセージの概要

項　目	見出し	記述のポイント
経営環境の変化とそれを踏まえた経営の方向性	一つでも多くの商品を通じてお客様と持続的につながり続けることで，地球環境の課題解決を目指す。	①省エネルギー，省資源，省人面でさらに進化させたソリューションをより多く，より早く顧客や社会に届けることを重視する。 ②価値創造の源泉となる人材が活き活きと働ける環境の整備や育成・教育など，人的資本への投資を継続する。
中期経営計画について	自社製品の枠を超え，熱・水・環境分野におけるお客様へのお役立ちはすべてやりきる覚悟を持つ。	①工場全体でのエネルギー効率の向上を提案している。 ②工場全体のエネルギーの使用状況を可視化し，エネルギーの無駄の発見を可能とするIoT情報基盤の整備を行う。
価値創造を支える経営基盤の強化に向けた取り組み	コーポレート・ガバナンスを整備し，事業活動を通じて社会と地球環境の課題解決に向け挑戦を続ける。	①経営環境が非連続的に変化する時代にあって，コーポレート・ガバナンス体制の強化を着実に進めている。 ②事業活動を通じて社会や地球環境に貢献し続ける企業であることは最も重要なことと考えている。 ③ミウラグループでは，中長期的な成長に向け，経営の監督機能を適切に維持しながら経営を担う執行側が積極的な挑戦ができる環境を整備し，社会や環境課題への取り組みを加速している。
ステークホルダーとの関係	ステークホルダーとの対話を続け，将来成長に向けた積極的な投資と株主還元を高い次元で両立する。	①新製品・サービスの開発のための研究，設備投資およびM＆Aといった，将来の成長に向けた投資は重要テーマとしている。 ②株主還元については引き続き手元資金と資金需要のバランスを勘案しながら安定配当に努めたいと考えている。 ③今後，事業フィールドの拡大とともにステークホルダーとのかかわりが増える。対話を重視した信頼関係の構築に一層努力する。

出所：三浦工業株式会社『統合報告書2021』4-7頁に基づいて，著者にて整理を行い，一部修正のうえ作成をした。

からのソリューション（課題解決の役割）を提供する性質を有するものであり，今後もグローバル市場・国内市場の双方から高いニーズを受けることが予想される。機関投資家としてもグローバル市場・国内市場の双方から高いニーズを受ける三浦工業の環境ビジネスを長期的な視野から支えることに積極的な姿勢を見せることが予想される。

　三浦工業と同社に投資を行う機関投資家の協働による長期的な価値創造を実現させるためには，絶えることない両者の目的ある対話が必要になる。三浦工業の経営者は，短期・中期・長期のそれぞれの視点から継続的・長期的な価値創造をいかに実現していくかを機関投資家に語り続けることが必要であり，機関投資家も資金提供者として，同社の価値創造活動を支えるための情報として，何が必要なのかを具体的に経営者に対して伝えていく必要がある。

　企業経営（活動）のあり方や成果を短期（1年間）・中期（おおよそ3年間）・長期（おおよそ5年間）の各視点からバランスよく捉えていく必要性は，SDGs に対する社会的関心が集まるにつれて段階的に高まってきたといえる。SDGs は，貧困・ジェンダー・労働・エネルギー・環境等の各問題に対する目標を，2020年までに達成することを掲げている。

　各目標を達成していくためには，グローバルに展開される各国企業の経営が短期的視点のみならず中期・長期な視点で価値創造を図っていく必要がある。株主配当や労働分配を計画どおりに行うためには1年間で獲得される売上高・利益高といった経済的価値の創造は，優先順位の高いものとなる。

　他方，エネルギー・環境問題への対応はイノベーションが伴うものであり，これには中期・長期にわたる企業戦略が必要になる。イノベーション創発のために巨額の投資を必要とする場合，経営者と機関投資家の対話の密度は当然に高まる必要がある。まさに，ここに企業経営のあり方における短期・中期・長期のバランスの問題がある。

　三浦工業の『統合報告書2021』における社長メッセージの概要を整理したものが図表8－2である。社長メッセージは，企業経営者から機関投資家に向けられている対話のきっかけとしての具体的に記述されたメッセージである。

　図表8－2では，地球環境の課題解決，価値創造，ステークホルダーとの対

話，中長期的な成長，といった重要なキーワードを用いて同社経営トップが直接的に語りかける記述になっており，統合報告書の特徴がよく表れているといえる。特にステークホルダーとの対話については，機関投資家を中心としながらも幅広いステークホルダーが想定されていて，同社の経営に理解を示し，良好な協調関係を築くことでステークホルダー全体に対して付加価値が創造されることを目指している。

6．新しい動向

■ ポストコロナ時代の統合報告

　2020年1月，新型コロナウイルス感染症（COVID-19）の感染拡大が日本国内で進行した以降，多くの企業経営者は，自社の正常な事業活動を阻害するビジネス環境の急速な変化を経験した。他方，感染防止のため非対面ビジネスを展開する必要からオフィス業務のテレワーク化や非対面販売方法の確立等が迫られ，具体的なイノベーション創出を促す環境も登場してきた。

　イノベーション創出を促す環境は，新たなビジネスチャンスを創出することはもとより，個別の企業の業務プロセス（業務の進め方）の点検・見直しを促進させることになる。これらが，企業の収益増加・原価削減につながっていけば，経済的価値の創出の観点からは価値の増大をもたらすことになる。

　また，新型コロナウイルス感染症拡大が，否応なしに企業に対してイノベーション創出及び業務プロセスの改善を促したことが，地球環境の課題に対するソリューションの促進を引き起こすことも十分に予想される。これが実現すれば社会的価値の創出の観点から価値の増大をもたらすことになる。

　今後，企業が行う価値創造の構造的特徴に関して，社会的価値の創造は経済的価値の創造に直結する性質を高めることが予想される。エネルギー・環境問題に対して，いかなる企業であっても何らかの形で対応を迫られる。この対応は社会的価値の創造に関わるものであるが，経済的価値の創造に直結するケースも目立ってくる。たとえば地球温暖化の原因となる温室効果ガス削減に貢献できる新たな環境製品・サービスを市場に送り出せる企業は，社会的価値の創

造を実現すると同時に，売上高・利益額に伴う労働分配（従業員給料）や株主配当の増加といった経済的価値の創造も実現することになる。

　今後の統合報告では，ポストコロナ時代における企業のイノベーション創出，業務プロセス改善，ガバナンス体制整備，リスクマネジメント体制整備などの諸活動に対する記述が増加していくことが予想されるが，これらの記述が社会的仕組みやビジネスのあり方そのものを大きく転換させるきっかけになる可能性が高い。

　ポストコロナ時代における企業による継続的・長期的な価値創造を可能にするための新しい動向を，投資家も後押しすることが期待される。また，後押しすることが，投資家の長期的利益の獲得にもつながると考える。このために統合報告書の果たす役割は重要性を増していくと考える。また，今後，統合報告の重要性が増していくとすれば，その端緒的流れをつくった英国チャールズ皇太子の功績は改めて評価される必要があるであろう。

【注】

1）2022年9月8日におけるエリザベス女王の死去により，チャールズ皇太子は英国国王に即位した。本章では，チャールズ皇太子時代の統合報告への関わりを取り扱っている関係で，現時点では国王であるがチャールズ皇太子と称する。

2）三浦工業株式会社有価証券報告書第64期（令和3年4月1日−令和4年3月31日）によれば，同社（本社：愛媛県松山市）の事業内容としては，蒸気ボイラ・温水ボイラ・排ガスボイラ・バラスト水処理装置・脱水機・軟水装置・ボイラ用薬品等の製造販売，メンテナンス事業，海外機器販売事業等を行っている。本社は，愛媛県松山市堀江町7番地に所在している。会社設立は1959（昭和34）年5月1日であり，代表取締役社長執行役員CEOは宮内大介である。資本金は，95億4,400万円（2022年3月31日現在），従業員数は，単独3,298名，連結6,070名（2022年3月31日現在）となっている。

3）日本取引所グループのホームページ（2021年10月26日閲覧）によれば，上場企業を理解するための上場とは何かについて，「企業が発行する株式を証券取引所で売買できるように，証券取引所が資格を与えることをいいます。上場によって，企業は円滑な資金調達が可能となるほか，社会的信用や知名度の向上といったメリットがあるとされる一方で，上場を維持するためのコストの増加や社会的責任の増大といった新たな負担も生じること

となります」と説明をしている。上場企業になれば，企業は東京証券取引所などの資本市場から経営のための資金調達ができるようになる。

4）野村証券のホームページ（2021年10月26日閲覧）によれば，「一般に機関投資家と呼ばれるグループをいくつか挙げると，「投資顧問会社」，「生命保険会社」，「信託銀行」，「投資信託会社」，「年金基金」などが主なものである。生命保険会社や損害保険会社であれば，加入者の保険料収入であり，投資信託会社であれば，投資信託を購入した人たちの提供した資金が元手になる。機関投資家は大量の資金をまとめて運用するので市場に与える影響が大きいものがある」と説明をしている。

5）上場企業の経営者と機関投資家の対話の必要性については，伊藤レポートの中でその詳細が説明されている。伊藤レポートとは，2014年8月当時に一橋大学教授であった伊藤邦雄を座長として展開されていた経済産業省プロジェクトである「持続的成長への競争力とインセンティブ～企業と投資家の望ましい関係構築～」最終報告書を「伊藤レポート」と呼んでいる。

6）外務省国際協力局地球規模課題総括課（2020：2）を参照のこと。

7）ROE（株主資本利益率）とは，株主の出資した資本（資金）がどの程度，利益（当期純利益など）に結びついたかを示す指標であり，株主・投資家に重視されている。

参考文献

IFRS（2010），*IFRS Practice Statement Management Commentary A framework for Presentation December 2010.*

IIRC（2013），*The International 〈IR〉 Framework*，International Integrated Reporting Council（日本公認会計士協会訳（2014）（「国際統合報告フレームワーク日本語訳」））．

伊藤嘉博（2016）「統合報告が管理会計研究・実践に及ぼす影響」，『早稲田商学』（446）。

大西淳也・梅田宙（2018）『統合報告についての論点の整理 PRI Discussion Paper Series（No.18 A-11）』財務省財務総合政策研究所総務研究部。

外務省国際協力局地球規模課題総括課（2020）「持続可能な開発目標（SDGs）達成に向けて日本が果たす役割」，2020（令和2）年9月。

経済産業省（2014）「持続的成長への競争力とインセンティブ ～企業と投資家の望ましい関係構築～」プロジェクト（伊藤レポート）最終報告書，2014（平成26）年8月。

古賀智敏【責任編集】・池田公司【編著】・沖野光二・島永和幸・戸田統久・付馨・島田佳憲【著】（2015）『統合報告革命 ベスト・プラクティス企業の事例分析』税務経理協会。

三浦工業株式会社（2021）「統合報告書2021」。

三浦工業株式会社（2022）「有価証券報告書第64期（令和3年4月1日－令和4年3月31日）」。

森洋一（2014）「国際統合報告評議会（IIRC）国際統合報告フレームワークの位置づけと基礎概念」『会計・監査ジャーナル』No.705 APR。

日本公認会計士協会（2010）「IIRCの設立について〜A4S及びGRIからのプレスリリースの公表（お知らせ）〜」(https://jicpa.or.jp/news/information/2010/iirca4sgri.html)(2021年11月3日閲覧)。

日本取引所グループのホームページ (https://www.jpx.co.jp/tsschool/learn/03a.html)(2021年10月26日閲覧)。

野村証券のホームページ (https://www.nomura.co.jp/terms/japan/ki/kikantou.htm)(2021年10月26日閲覧)。

【付　記】

　2022年9月8日に96歳で逝去されたエリザベス女王は，英国君主として歴代最長の70年間在位をされた。2022年9月19日（日本時間）にロンドンで国葬が執り行われる。激動の世界に長らく在位されたエリザベス女王へ心より哀悼の意を表する。

第9章

日英携帯電話メーカーのレッドクイーン型競争

牛丸　元

　ダベニとギュンター（D'Aveni and Gunther, 1994）によれば，今日の企業は，ハイパー・コンペティション下にあり，短期的な競争優位の連鎖を実現することが，その存続と成長にとって重要であるとする。バーネット（Barnett, 2008）が展開するレッドクイーン論は，ライバル企業同士の激しい競争こそがハイパー・コンペティション下において最も有効であるとする。これは，ポーター（Porter, 1980；1985）やバーニー（Barney, 1991）による競争相手との差別化を重視するいわゆる競争しない競争戦略とは考えを異にするものである（入山, 2012：66）。本章は，レッドクイーン型の競争行動を英国と日本における携帯電話メーカーを事例として検討する。まず，レッドクイーン論とは何かについて説明し，レッドクイーン仮説を提示する。その上で英国および日本における携帯電話メーカーのレッドクイーン型の競争行動を検討する。本章の末尾ではレッドクイーン型競争の有効性について述べる。

1. レッドクイーン論とは

■ レッドクイーン論と競争行動

　レッドクイーン論（Red Queen Theory）は，バーネットとハンセン（Barnett and Hansen, 1996）によって考案された競争ダイナミクスに関する分析視角である。これは，激しい競争行動をとるほど生存確率が高くなるとする考え方であり，競争相手との競争が強化学習による共進化をもたらし，高いパフォーマンス（高い成長性や生存率）を実現するとする。

　バーネットとハンセンは，生物学者のヴァン・ヴァレン（Van Valen）の種が競争相手よりも先に進むことで，環境に継続的に適応することのメタファーとしてレッドクイーンを使用し，企業間競争を勝ち抜くための行動原理に適用した。それまで，競争ダイナミクス研究は，個々の実証研究が独立して行われていた（柴田・立本，2017：138）。レッドクイーン論は，競争ダイナミクス研究に，包括的な理論的フレームワークを与えたといえよう。

　レッドクイーン論では，競争行動をライバルよりも量的に多く，投入スピードが速く，予測不可能で複雑な行動であると捉えている。これには，模倣行動も含まれる。こうした競争行動の考え方は，市場プロセスを動的で不均衡であるとする経済学におけるオーストリア学派との親和性が高いとされる（Chen and Miller, 2012：137）。競争行動によってイノベーションが生まれ，生産可能性曲線が上方にシフトし，新たな市場環境がイナクトされると考えられる。

■ 強化学習と共進化メカニズム

　バーネットとハンセンは，競争ダイナミクス研究の研究成果から，激しく競争し続ける企業が生存確率を高めることを命題化したが，その理論的根拠が，強化学習と共進化メカニズムである。

　強化学習と共進化メカニズムは，マーチ＝サイモン（March and Simon, 1958；1993）の「組織の適応的で動機づけられた行動の一般モデル（以下，適応行動モデル）」に基づいている。このモデルは，組織の環境適応行動を説明するモデルであり，組織学習モデルとしても捉えられ，おおよそ次のように説明される（入山，2019：590-605）。

　適応行動モデルは，2つのループ・プロセスから構成される（図表9－1のB社参照）。1つは，満足 → サーチ → 期待報酬 → 満足のループ・プロセスである。満足すればサーチしなくなり，その結果，期待報酬が下がり不満足になる。不満足になるとサーチが喚起され期待報酬が上がり，その結果，満足するといったバランス・ループである。もう1つは，満足するとサーチしなくなりサーチしなくなると期待報酬が下がることから，アスピレーション・レベル（希求水準）が下がる。アスピレーション・レベルが下がると現状との差が解消

され満足する。満足すると同様のループが繰り返されるといった強化ループである。また，いったん不満足になるとサーチが起こり，期待報酬が上がる。するとアスピレーション・レベルが上がり，現状とのギャップが生じることから不満足になる。不満足になると同様のプロセスによって不満足が強化されるという強化ループである。

　バーネットとハンセンは，この適応行動モデルを競争する2社以上の企業間の競争行動に応用した。図表9−1はA社とB社の適応行動モデルの相互作用を示したものである。これをみると，A社とB社の互いのサーチ行動が互いの期待報酬にマイナスの影響を与えていることがわかる。さまざまな戦略的代替案の探索と実行といったA社のサーチ行動はB社の期待報酬にマイナスに影響する。B社のサーチ行動も同様にA社の期待報酬にマイナスに影響する。

　双方のサーチ行動が激しければ激しいほど，期待報酬は双方とも連続的にマイナスの影響を受けることから不満足が連続的に発生し，頻繁にサーチ行動が喚起されることになる。競争行動が互いのサーチ行動を連続的に喚起させることから，競争優位は短期的なものとなる。このように，レッドクイーン論では，競争行動によってサーチが頻繁に起こり，強化学習がなされ，互いが環境に適応することで共進化が生まれるとする。

図表9−1　強化学習による共進化メカニズム・モデル

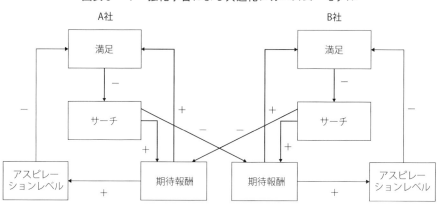

出所：Simon（1958；1993 邦訳64頁）を参考に加筆修正。

▌共進化の種類

共進化には次の3つの種類があるとされる（Talay *et al.*, 2014 : 63-64）。

（1）相互主義的共進化（mutualistic coevolution）：これは，企業間の直接的相互依存的関係によって進化が生まれるというものである。接触交流型共進化とも言える。ここでは，参加企業の能力は相互に向上する。例えば，ガソリン自動車から電気自動車へのシフトでは，自動車メーカーと電池メーカーの直接交流によって，電池メーカーが技術力を向上させ，自動車メーカーも利益を享受する。

（2）活用的共進化（exploitative coevolution）：これは，協力する者同士のどちらか一方がどちらかを犠牲にする可能性があることを含んだ共進化である。そのため，全参加企業の適応レベルは向上しない。例えば，セットメーカーが工場を1つ廃止すると部品メーカーはそのために雇用を減らすことになる。

（3）競争的共進化（competitive coevolution）：レッドクイーン論における共進化がこれに相当する。互いに接触交流することなく共進化するというもので，非接触交流型共進化とも呼べる。これは，一方の適応力の改善がもう一方の適応力を損ねるが，対抗行動をとることで改善を繰り返し，相互に学習し進化するというものである。終わりのない軍拡競争（ever-accelerating arms race）とも言われる。

2．レッドクイーン仮説

　レッドクイーン型の激しい競争は，強化学習と共進化といった順機能的効果を組織にもたらすばかりでなく，逆機能的効果をもたらすこともある。レッドクイーン仮説は，レッドクイーン型の競争がもたらす順機能と逆機能に関する仮説である。

　バーネット（Barnett, 2008）は，競争経験仮説，コンピテンシートラップ仮説，マイオピア学習仮説，適応コスト仮説，捕食コスト仮説，競争慣性仮説と

いった6つの仮説を提示している。これらのうち，競争経験仮説は，強化学習と共進化にプラスの影響を及ぼす，すなわち順機能に関する仮説であるが，他の5つの仮説はマイナスの影響を及ぼす，すなわち逆機能に関わる仮説である。

(1) **競争経験仮説**（competitive hysteresis）：これは「直近まで戦っていた組織ほど強い」という仮説である。組織には記憶と忘却の制約がある。昔の経験や記憶は忘却されやすく，古すぎて役に立たなくなっている可能性も高い。過去に激しい競争をしたが，今はそうでもない組織よりも，直近まで激しい競争をしている組織のほうが，有効な代替案も数多く有することから，競争に強く生存確率も高まるとする。

(2) **コンピテンシートラップ仮説**（competency-trap）：これは「過去の競争経験は，組織に知の探索よりも知の活用・深化を選好させる」というものである。過去に激しい競争を生き抜いた組織は，それをサンプルとして学習・記憶しているため，過去の延長線上で学習しようとする。革新的結果をもたらすサーチを行うよりも，今まで学習されてきた代替案や延長線上でサーチをしたほうがリスクも低いため選択されがちである。しかしそのままでは，知の活用や深化に陥ってしまい，知の探索がなされず，競争力は低下するとする。

(3) **マイオピア学習仮説**（myopic learning）：これは「特定相手との競争は偏った学習をもたらし，マイオピア（近視眼）的思考・意思決定につながることから競争力が落ちる」というものである。競争が一時的であると，競争相手も特定化される。偏ったサンプルからの学習は，その場限りの応用可能性の低い学習となり，マイオピア的（視野狭窄的）意思決定につながる。一方，長期的競争は，多様な相手と競争する機会が増え，多くのサンプルからの多様な学習が蓄積されることになる。競争の時間的幅が長いほど競争力は強くなり組織の生存率は高まるとする。

（4）**適応コスト仮説**（costly adaptation）：これは「過去の競争経験の量が同
じであれば，より異なる競争ロジックによるライバルと数多く競争す
るほどコストが増加するため，生存率は下がる」という仮説である。
競争相手のタイプは毎回同じであるほど対応コストはかからない。異
なる相手ほど対応コストがかかり競争力は落ちるとする。

（5）**捕食コスト仮説**（costly predation）：これは端的に言うならば「M＆A
は競争力を弱める」とする仮説である。M＆Aといった他企業を吸収
するような捕食行動は，短期的には競争相手が減少するというメリッ
トがある。しかし，組織はM＆Aによって相手から学ぶということ
よりも，M＆A自体を学習しがちであり，結果として知の蓄積や創造
ができなくなり，競争力が低下し生存率が下がるとする。

（6）**競争慣性仮説**（competition-inertia）：これは「成功した企業ほど別の分
野では失敗しやすい」という仮説である。組織には組織ルーティンが
存在する。組織が特定の競争条件の下で生存し続けるほど，組織ルー
ティンは蓄積し多く強固になる。ただしこの組織ルーティンはある特
定の状況において有効であり，他の状況では機能しない可能性も高い。
したがって，長く特定の産業などで存続し続ける企業ほど，他の業界
等への参入は困難なものとなる。

3. 英国における携帯電話メーカーの競争行動

■ 携帯電話メーカーの模倣によるレッドクイーン型競争行動

　携帯電話産業のような技術集約的な産業では，企業は相互・連続的にイノ
ベーションを模倣することによって，産業自体が進化する。携帯電話のように
技術が急速に変化する市場では，消費者は新しい技術を常にキャッチアップで
きるブランドをより好意的に評価することや（O'Shaughnessy, 1989），企業は，
独自の特徴を導入して差別化するよりも，ライバルが導入した先駆的な特徴を
可能な限り多く模倣した方がより高いパフォーマンスを示し，開発者が直面す
る多くの危険を避けることができること（Narashimhan and Turut, 2013）などか

ら，模倣行動は，携帯電話メーカーにおけるきわめて重要な戦略手段となっている。

　企業は先駆的企業の新技術・新製品の開発を素早く学習し模倣することによってライバル企業に差をつける。刺激を受けたライバル企業もまた模倣することによりライバル企業に影響を与える。影響を受けた企業は，サーチすることにより先駆的企業の新技術・新製品の模倣をするばかりでなく，自ら新技術を開発することもある。こうしたサイクルを繰り返すことで，競争環境に適応し続けることができる。これが，模倣によるレッドクイーン型競争であり，携帯電話メーカー間の競争はその代表例である。

▌英国における携帯電話ベンダー会社の研究

　ジャチェッティ（Giachetti *et al.*, 2017）らは，1997 年から 2008 年まで英国に存在した携帯電話メーカー 13 社のレッドクイーン型模倣競争について分析した。13 社とは，ノキア，モトローラ，サムソン，LG，エリクソン，ソニー，ソニー＝エリクソン，ジーメンズ，フィリップス，パナソニック，サゲム，NEC，アルカテルである。これらベンダー 13 社は，566 台の携帯電話を発売したが，それらには 48 の新製品技術が使用されていた。

　携帯電話は，フィーチャーフォンとスマートフォンに分けられるが，分析時点においてスマートフォン市場が小規模であったことから，対象はフィーチャーフォンである。測定期間は，フィーチャーフォンの進化の初期段階から後期段階を網羅しており，技術環境が進化するにつれて発生する競争上の相互作用を調べるのに適している。

　ここでは，技術のパイオニア企業が開発した技術を新技術として採用した企業が「模倣者」とみなされた。600 件の模倣行動が観測された。パイオニアに対する焦点企業の模倣行動とライバル企業の焦点企業に追随した模倣行動の範囲とスピード，焦点組織の業績との関係，そして製品の異質性の調整効果についてパネルデータ分析がなされた。そして以下の 6 つの仮説が支持された。

（1）焦点組織の新製品技術の平均模倣速度が速くなるほど，その業績も増加する。

（2）焦点組織の新製品技術の模倣範囲が拡大するほど，ライバル企業の模倣範囲も拡大する。

（3）焦点組織の新製品技術の模倣範囲が変わらない状況では，ライバルの模倣範囲が拡大するほど，焦点組織の業績は減少する。

（4）焦点組織の新製品技術の平均模倣速度が変わらない状況では，ライバルの模倣速度が増加するほど，焦点組織の業績は減少する。

（5）焦点組織とライバル組織の新製品技術の模倣範囲との関係に対して製品技術の異質性は負の調整効果を持つ。

（6）ライバル組織の新製品技術の模倣範囲と焦点組織の業績との関係に対し製品技術の異質性は負の調整効果を持つ。

　以上の英国における携帯電話メーカーの分析結果は，激しい模倣行動といった競争行動を間断なくとり続けることが高い業績をもたらすことを示しており，レッドクイーン型競争がもたらす順機能的側面（プラスの側面）が明らかにされたといえる。ただし，製品技術の異質性が，模倣行動によるパフォーマンスの向上を弱めることも明らかにされた。このことは，模倣行動と業績との関係が単純な線形関係ではなく，製品技術の異質性によって調整される可能性があることを示唆するものであるといえよう。

4．日本における携帯電話メーカーの競争行動

　携帯電話は，2021年時点において第5世代を迎えている。ここでは，第5世代を除いた第1世代から第4世代について検討する。総務省（2012）『情報通信白書（令和元年版）』は，第1世代から第4世代までの携帯電話メーカーの競争行動を以下のようにまとめている。

　第1世代は，1993年頃までであり，「移動通信サービス黎明期」と呼ばれ，アナログ式の携帯電話であった。第2世代は，1993年頃から1998年頃までで

あり，デジタル式の携帯電話が開発され，電話機能以外の機能が付いたことからフィーチャーフォンと呼ばれるようになった。「携帯電話普及・開始期」と呼ばれる。第3世代は，1998年頃から2008年頃である。「フィーチャーフォン全盛期」と呼ばれる。この頃になると，わが国においてはフィーチャーフォンの多機能化がわが国独自の発展を遂げガラパゴス携帯と呼ばれるようになった。この第3世代に，世界ではスマートフォンの開発が始まり，市場に投入され始めた。第4世代は2008年から2019年頃であり，スマートフォンが携帯電話に替わり大きく普及した。「スマートフォン登場・普及期」と呼ばれる。2021年時点では，より進化を遂げた第5世代になっている。

　日本国内では，第1世代から第3世代にかけては，日本企業同士がレッドクイーン型の激しい競争行動を繰り広げたことによりシェアを大きく伸ばし，海外においても大きく市場を支配したことが指摘されている（牛丸，2014）。一方，この頃世界では，携帯とスマートフォンの入れ替えが始まっており，日本企業はこれに対する対応が遅れ，世界的にみて大きくシェアを落とすことになった。総務省（2012：162）『情報通信白書（平成24年版）』によれば，2009年におけるスマートフォンの世界シェアは，NOKIAの41％に対し，日本企業は，富士通3％，シャープ3％，NEC2％，パナソニック2％と極めて低く，大きく出遅れた。

▌第1世代における競争行動

　第1世代は，1993年以前の携帯電話黎明期である。この時期の携帯電話は，アナログ式の通信技術を使用した音声中心の通信であった。まず，1979年に自動車搭載用電話であるTZ801が電電公社から登場した。自動車のバッテリーを使用することから車外に持ち出すことはできず，移動通信ではあるが，現在の携帯電話とは程遠いものであった。この自動車電話を普段は社内に搭載し，必要な時に肩掛け式で持ち歩けるようにしたのが，ショルダーフォンであり1985年にNTTよりショルダーフォン100型が登場した。1987年には，NTTからTZ802型が登場した。軽量化が図られ，今日の携帯電話と呼ばれるものになった。その後，セルラーキャリーフォンCP-201をソニーが開発し，

セルラー電話グループから発売されるに至った（森島，2006：262-270）。

しかしながら，第1世代では，ポケットベル（ポケベル）が全盛期（ピークは1995年）であり，携帯電話メーカー間で競争がみられたというよりも，ポケベルの激しい競争がみられた。

■ 第2世代における競争行動

第2世代は，1993年頃から1998年頃までであり，成長期に相当する。通信技術はデジタル方式 となったが，音声が主流であり，低速データによる通信であった。また，携帯電話は，インターネットへ接続されたものではなかった。

通信方式は，日本では，PDC方式（Personal Digital Cellular）であった。これは，世界で事実上の標準となるGSM方式（Global System for Mobile Communications）とは別の独自の通信方式であった。この日本独自の通信方式が，海外企業にとって参入障壁となり，国内における，日本企業同士の熾烈な企業間競争をもたらしたことが考えられる。一方，日本企業の国際化に関しては，第2世代の当初から，パナソニック，NEC，三菱電機，東芝などのメーカーがヨーロッパや中国に生産拠点を移し，それぞれ世界シェア10%を目標にGSM方式の端末の供給を開始した。また，生産拠点ばかりでなく，研究開発拠点の設置や販売チャネルの整備を行った[1]。

■ 第3世代における競争行動

第3世代は1998年頃から2008年頃であり，携帯電話普及・開始期にあたる。量的拡散・パーソナル化がなされた。国内市場での成功と海外市場からの撤退といった正反対の経験をした時期であるともいえる。第1世代と第2世代までは，通信技術規格が国や地域で異なっていたが，第3世代になると，世界中で使用できるよう標準化が進められた（森島，2006：277-282）。これにより，グローバル競争が激化した。また，インターネットとの融合化が図られ，データの高速化と大容量通信が可能となり，音楽，ゲーム，映像などの通信が可能となり，携帯の多機能化が始まった。

　第3世代では，国内メーカー同士の競争が激化した。その理由として，第2世代に開発されたPDCといった日本独自の規格はGSMより優れていたものの，世界規格とはならなかったことが，逆に海外企業の国内参入の障壁となり，第3世代を迎える頃には，国内市場には海外企業は数少なく，競争は国内企業同士のものとなったと思われる。国内では世界に先駆けて3G（W-CDMA）のサービスが開始された。1999年にアイモード（iモード）が登場し，インターネットへの接続が可能となった。日本の携帯電話は，赤外線や電子マネー，防水などの機能を備えた独自の進化を遂げ，「ガラパゴス携帯」とまで言われるようになった（総務省，2019：12）。

　ここで，NTTが市場に投入した機種から各メーカー間の競争をみてみる[2]。日本において発売された第3世代の携帯電話（フィーチャーフォン）は，三菱電機41機種，デンソー2機種，富士通53機種，HTC（台湾）2機種，日立国際電気4機種，LG（韓国）8機種，モトローラ（米国）4機種，NEC66機種，ノキア（フィンランド）6機種，パナソニック64機種，日本無線9機種，三洋電機4機種，シャープ34機種，ソニー＝エリクソン30機種，東芝1機種，合計329機種と膨大なものとなっている。このうち，308機種が日本企業11社によるものである（ソニー＝エリクソン含む）。11年間で各社平均28機種，1年では約2.5機種を市場に投入していることになる。とくに三菱電機，富士通，NEC，パナソニック，シャープ，ソニー＝エリクソンの6社で，288機種，約88％を占める。6社平均で48機種，1年で1社あたり約4.4機種投入したことになる。これは1社あたり3か月に1機種の割合で新製品を投入したことを意味しており，競争が非常に激しかったことがうかがえる。国内市場は国内企業同士のフィーチャーフォン競争であったといえる。

　図表9－2は，第3世代にあたる1998年から2008年までの間で市場投入機種数が多かった日本の携帯電話メーカー上位3社（富士通，NEC，パナソニック）の動向である。これをみると，同調的行動が採られるか，もしくは，どこか1社が投入機種を増やすと翌年には他社が追随して機種を増やすといった行動が採られていたことがわかる。スマートフォンが登場する前年の2008年を除き，4社とも年とともに機種数を増加させる右肩上がりの行動がみられる。こうし

図表９−２　日本における携帯電話メーカー上位3社の携帯端末機種投入行動

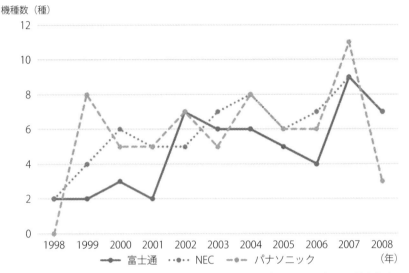

出所：日本版ウィキペディア「NTT ドコモの端末一覧」（注２に同じ）より筆者作成。

た間断のない国内企業同士の競争が参入障壁となっていたことが考えらる。こ
れは，レッドクイーンの競争経験仮説である「直近まで戦っていた組織ほど強
い」を支持するものであると言える。

　日本国内ではフィーチャーフォンをめぐる日本企業同士の競争が激化するな
か，世界市場ではスマートフォンが登場し始めた。初期のスマートフォンが生
まれた第３世代では，ノキアと RIM が世界の主導権を握った。しかし，日本
では携帯電話であるフィーチャーフォンが日本独自の発展を遂げており市場を
席巻していたことから，消費者のスマートフォンへの関心も薄かったとされる
（牛丸，2014：124）。

　こうしたなか，日本企業は，2000 年から 2002 年にかけて起こった通信バブ
ルの崩壊により海外市場から撤退し，国内市場に注力することになった[3]。こ
の理由として，コスト負担増があげられる。第２世代における国内では PDC
方式，海外では GMS 方式を採用する企業と競争しなければならなかったとい
う状況は，異なるタイプの競争相手と戦うことを意味しコスト増につながった

と思われる。すなわち，レッドクイーンの適応コスト仮説である「過去の競争
経験の量が同じであれば，より異なる競争ロジックによるライバルと数多く競
争するほどコストが増加するため，生存率は下がる」という状況に日本企業は
陥ったため，撤退を余儀なくされたと考えられる。

▌ 第4世代初頭の企業行動

　第4世代となる 2008 年頃になると，日本市場においてもスマートフォンが
注目され始めた。まず，2008 年に iPhone3GS がソフトバンクから発売された。
2009 年には Android 対応のスマートフォンも発売された。スマートフォンは，
日本では，絵文字が使用できないことや「おさいふケータイ機能」も搭載され
ていなかったことから，一部に利用をためらう動きもみられたが，OS 上で独
自のアプリケーションの実行が可能なことやインターネットへのアクセスの容
易さから普及が進んだとされる（総務省，2019：13）。

　世界における第3世代における企業間競争は激烈であったが，2009 年にお
ける世界シェアは，ノキアと RIM であり，上位2社で6割を占めるように
なった（総務省，2012：162）。世界的なスマートフォンの流れはその後日本市場
にも及び，MM 総研の調べによれば，2021 年におけるスマートフォンの国内
市場シェアは，92.9% を占めるようになった。メーカー別にみると，1位がアッ
プルで 46%，2位シャープ 12.3%，3位京セラ 9.5%，4位サムソン 7.4% となっ
ており，第3世代にみられる国内での日本企業の勢いは衰えたとされる[4]。

　日本企業は，第3世代において国内企業同士の競争に注力するあまり，海外
企業の行動を軽視した可能性が高い。これは，レッドクイーンのマイオピア学
習仮説である「特定相手との競争は偏った学習をもたらし，マイオピア（近視
眼）的思考・意思決定につながることから競争力が落ちる」を支持するもので
ある。日本企業は，ライバルとの激しい競争によって，方向性を見失った可能
性が高いと思われる。

5．日英携帯電話メーカーにみるレッドクイーン型競争の有効性

　本章では，日英の携帯電話会社の競争行動について検討した。結論として，両者はレッドクイーン型の競争行動が示す2つの側面を典型的に表しているといえる。

　まず，英国の携帯電話メーカーの分析においては，レッドクイーン型競争がもたらす順機能的側面（プラスの側面）がみられた。ここでは，激しい模倣行動といった競争行動を続けることによって，企業の高い業績がもたらされることが示された。

　ジャチェッティらの研究は，模倣する製品の範囲が広くそのスピードも速い企業ほど，そうではない企業よりも優れたパフォーマンスを発揮することを示した。このことは，激しく競争する企業ほどパフォーマンスが高くなるとするレッドクイーン論の基本的な考え方を支持するものである。

　また，製品技術の異質性が，焦点組織の学習能力を制約し，模倣行動によるパフォーマンスの向上を弱めることも示された。このことは，模倣困難性が競争優位の源泉であるとする資源ベース論の基本的考え方を支持するものであり，競争をさせない状況をつくることの重要性を示している。これは，激しい模倣行動によるレッドクイーン型の競争は有効ではあるが，それは競争相手の差別化によって制約を受けることを意味しており，レッドクイーン型競争の有効性の限界を示すものであるといえよう。

　一方，日本の携帯電話メーカーの分析においては，レッドクイーン型競争がもたらす順機能（プラスの側面）と逆機能的側面（マイナスの側面）の両方がみられた。

　日本企業は，第2世代においてPDCとGMSという2つの規格を日本と海外で別々に運用した。これが異なるタイプの競争相手と数多く対戦することによるコスト負担となり，第3世代における世界市場からの撤退の一要因となったことが指摘された。これはまさしくコスト適応仮説を支持するものである。

　一方，第3世代における間断のない企業間競争は，ガラパゴス化とも言われ

るほど高度に複雑化した製品を生み出し，フィーチャーフォンにおける国内企業の絶対優位を築いた。このことは，レッドクイーンの競争経験仮説「直近まで戦っていた組織ほど強い」を支持するものであると言える。

　しかし，国内企業同士による短期間における激烈な競争は，競争相手を限定し視野狭窄に陥れることで，スマートフォンへの対応を遅らせた。このことは，まさしく，マイオピア仮説を支持するものであるといえる。また，競争による失敗を恐れるあまり，フィーチャーフォン技術といった知の活用や深化による安定収益確保の戦略に陥ってしまい，リスクの高いスマートフォン技術の獲得といった知の探索が疎かになった可能性も指摘できる。このことは，まさしく，コンピテンシートラップ仮説を支持するものであるといえる。

　このように，日本企業においては，激しいレッドクイーン型の競争は短期的には有効であっても，長期的には有効ではなかったといえる。

　以上，日英におけるレッドクイーン型競争についてみてきた。結論としては，少なくとも携帯電話メーカーのような技術革新の激しい業界では，間断のない模倣行動や競争は有効である一方，模倣困難性が有効性を弱めること，ゆきすぎた競争はコスト増や，マイオピア的行動やコンピテンシートラップといった負の影響をもたらすことがわかった。これらのことは，競争と組織のパフォーマンス（存続・成長）との関係が単純な正の関係ではないことを示唆するものであるといえる。

【注】

1）王亭亭（2007）「第2回：世界市場で蚊帳の外，日本携帯メーカーの失われた10年」日経クロステックホームページ，2007年7月2日版，https://xtech.nikkei.com/it/article/COLUM-N/20070629/276280/　2022年3月11日アクセス。

2）NTTドコモは，第1世代から携帯電話メーカーが製品を継続的に提供しており，発売機種がもっとも多いことから，NTTドコモの動向から各メーカーの競争行動を把握することとした。資料には，現時点でデータを最も詳細にまとめており信頼性が高いと判断される，日本語版ウィキペディアの「NTTドコモの端末一覧」を使用した。https://ja.wikipedia.org/wiki/NTTドコモの携帯電話端末一覧　2022年3月11日アクセス。

3）王亭亭（2007），同上。

4）松本和大（2022）「2021 年のスマホ出荷台数は過去最多，5G 対応が半分以上　MM総研の調査」ケータイ Watch ホームページ，2022 年 9 月 1 日版，https://k-tai.watch.impress.co.jp/docs/news/1387178.html　2022 年 3 月 11 日アクセス。

参考文献

Barnett, W. P.（2008）*The Red Queen Among Organizations: How Competitiveness Evolves*, Princeton University Press.

Barnett, W. P. and Hansen, M. T.（1996）"The Red Queen in Organization Evolution", *Strategic Management Journal*, 17（1）: 139-157.

Barney, J. B.（1991）"Firm Resources and Sustained Competitive Advantage", *Journal of Management*, 17 : 99-120.

Chen, M, -J. and Miller, D.（2012）"Competitive Dynamics: Themes, Trends, and a Prospective Research Platform", *The Academy of Management Annals*, 6（1）: 135-210.

D'Aveni, R. A and Gunther, R. E.（1994）*Hypercompetition: Managing the Dynamics of Strategic Maneuvering*, Free Press.

Giachetti, C., Lampel, J. and Lipira S.（2016）"Red Queen Competitive Imitation in the U.K. Mobile Phone Industry", *Academy of Management Journal*, 60 : 1（5）882-1914.

March, J. G. & Simon, H. A.（1958 ; 1993）*Organizations*, John Wiley & Sons.（高橋伸夫訳『オーガニゼーションズ』ダイヤモンド社，2014 年）。

Narashimhan, C. and Turut, O.（2013）"Differentiate or Imitate? The Role of Contextdependent Preferences", *Marketing Science*, 32 : 393-410.

O'Shaughnessy, J.（1989）*Why People Buy*, Oxford, UK: Oxford University Press.

Porter, M. E.（1980）*Competitive Strategy: Techniques for Analyzing Industries and Competitors*, Free Press.（土岐坤・中辻萬治・服部照夫訳『競争の戦略』ダイヤモンド社，1985 年）。

Porter, M. E.（1985）*Competitive Advantage: Creating and Sustaining Superior Performance*, Free Press.（土岐坤・中辻萬治・小野寺武夫訳『競争優位の戦略──いかに高業績を持続させるか』ダイヤモンド社，1985）。

Talay, M. B., Caoantone, R. J. and Voorhees, C. M.（2014）"Coevolutionary Dynamics of Automotive Competition: Product Innovation, Change, and Marketplace Survival",

Journal of Product Innovation Management, 31 (1) : 61-78.

入山章栄 (2012)『世界の経営学者はいま何を考えているのか：知られざる知のフロンティア』栄治出版。

牛丸元 (2014)「企業間関係におけるレッドクイーン効果とライバリー・トラップ」『経営論集』(明治大学), 61 (3), 113-129 頁。

王亭亭 (2007)「第 2 回：世界市場で蚊帳の外，日本携帯メーカーの失われた 10 年」日経クロステックホームページ，2007 年 7 月 2 日版，https://xtech.nikkei.com/it/article/COLUM-N/20070629/276280/　2022 年 3 月 11 日アクセス。

柴田健一・立本博文 (2017)「競争ダイナミクスの文献サーベイ」『赤門マネジメント・レビュー』, 16 (3), 117-160 頁。

総務省 (2012)『情報通信白書（平成 24 年版)』。

総務省 (2019)『情報通信白書（令和元年版)』。

松本和大 (2022)「2021 年のスマホ出荷台数は過去最多，5G 対応が半分以上　MM総研の調査」ケータイ Watch ホームページ，2022 年 9 月 1 日版，https://k-tai.watch.impress.co.jp/docs/news/1387178.html　2022 年 3 月 11 日アクセス。

森島光紀 (2006)「移動通信端末・携帯電話技術発展の系統化調査」国立科学博物館『国立科学博物館　技術の系統化調査報告　第 6 集』237-301 頁。

────第 **10** 章────

英国の税制に見る諸課題
―日本の税制との関連性―

中西良之

　近年，先進国では外国企業の誘致，自国企業の国際競争力強化のため，法人税率下げの競争が行われてきた。英国は 2017 年に法人税率 19％に引き下げてタックス・ヘイブン税制[1] の対象となり得る状況だったが，現在はコロナ禍による給付金や感染対策などで財政が悪化し，2023 年 4 月から法人税率 25％へ引き上げが予定されている。米国も法人税率 21％まで引き下げられたが，バイデン政権では英国に同調するように法人税率は 26.5％に引き上げる方向で検討を行っている[2]。先進国間の法人税率下げの競争は，コロナ禍で財政支出が増大したことによって，法人税率上げの動きに転じた。

　英国の付加価値税（Value Added Tax：以下，「VAT」という）は，EU 離脱後も税率 20％と変わらないものの，コロナ禍で経営に打撃のある観光・飲食・宿泊業に企業支援として，2021 年 9 月まで VAT を 5％に暫定適用することとした。本章は，コロナ禍で大きな影響を受けている英国税制の現状分析と日本税制との関連性を考察する。

1．コロナ禍の財政状況

　英国の予算状況については，他の先進国同様にコロナ対策で財政支出を大規模に行っている。2020 年度予算（2020 年 4 月〜 2021 年 3 月）は，歳出 9,280 億ポンド，歳入 8,730 億ポンドと歳出超過となっている（BUDGET, 2020：7-8, HM Treasury）。新型コロナウイルス対策として医療，社会保障，ウイルス関連研究開発など 120 億ポンドが拠出された。さらに，小売業，観光関連業等に対す

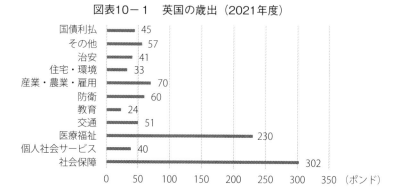

図表10−1　英国の歳出（2021年度）

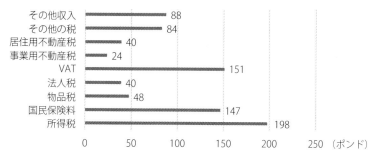

図表10−2　英国の歳入（2021年度）

出所：BUDGET 2021 HM Treasury.

る1年間の事業税免税，中央銀行（イングランド銀行）の政策金利を0.75％から0.25％へ緊急利下げの金融緩和策が取られた。

　さらに，2021年度予算（2021年4月〜2022年3月）には，コロナ対策として，歳出に一時帰休従業員への給与給付制度，個人事業主への所得支援制度などが計上された。歳入は，VATが観光，飲食，宿泊業に係る税率が現行の20％から5％へ引き下げられるとともに，小売業，観光業等に対する事業税の免除措置が取られた。英国は，コロナ対策として，歳出及び歳入の両方で大規模な対策を行っており，日本のような給付金制度など歳出に偏った制度とは異なる。

　しかし，コロナ対策の大規模な支出が財政に大きな負担となった。英国の法人税率は，2021年度予算には反映されていないが，法人税率の引き上げが

2023 年 4 月から予定されている。企業利益に応じた法人税率が，①企業利益 25 万ポンド以上に対して法人税率 25％が適用され，②企業利益 5 万ポンド以上 25 万ポンド未満に対して法人税率 25％未満の軽減税率が適用され，③企業利益 5 万ポンド未満に対して従来の法人税率 19％が適用される。日本では，資本金 1 億円を基準に大法人と中小法人に区別して法人税率が適用されるが，英国では企業業績を基準として企業利益額に応じて法人税率が適用される。

　世界的に GDP が落ち込む中，英国の GDP 成長率は，2020 年マイナス 9.8％，2021 年プラス 7.0％，2022 年プラス 6.3％と見込んでいる（Bank of England, 2021：11, Table1. B）。他の先進国と同様にコロナ感染収束後には経済状況が上向くと推測している。

2. 英国税制の特徴

▌英国の税収内訳

　2021 年度予算については，所得税 26.1％，VAT19.9％，国民保険料 19.4％と全体の 65％を占めており，法人税は 4.8％に過ぎない。これに対して，日本の税収内訳（2021 年度予算）は，所得税 32.4％，消費税 35.3％，法人税 15.6％である（英国及び日本の税収割合は，地方税を除いた国税の割合）。日本の法人税収は，近年の法人税率引き下げによって減少しているものの，今も主要な税収である。また，日本の消費税率 10％は英国の付加価値税率 20％の 2 分の 1 であるが，消費税が大きな割合を占めていることは着目される。その理由について，日本は消費税以外の税収が少ないこと，英国の VAT には非課税措置が多いことなどが考えられる。

　英国が法人税率 19％と低く設定している主な理由は，国内企業の国際競争力の強化，外資の自国導入の促進が考えられる。また，従来から国内主要産業の金融業が投資家に有利な金融商品を開発するために利子等にかかる税を減免するオフショア[3)] に法人を設立していることも挙げられる。

　法人税率下げの競争は英国を始め先進国の間で行われたが，税率の引き下げ

効果は法人の未処分利益を増加させ，投資家への配当などの利益還元や役員報酬の増加を可能とした。その結果，先進国では個人の所得格差や富の偏在を生むようになった。そのような状況下でコロナ禍が発生し，感染予防や給付金支給など大規模な財政支出が必要となったため，法人税率引き下げ競争は終焉を迎えた。2021 年に先進国は財政収支改善のため法人税の最低税率設定の検討に入った[4]。

▎法人税率下げの効果

　経済のグローバル化が進み，多国籍企業はグループ全体の税引き後利益の最大化を重視するようになった。企業はより法人税率の低い国に知的財産権の移転や取引仲介の会社を設立してそこへ利益を移転して留保する行動を取るようになった。英国は先進国の中では早期に法人税率を下げており，アイルランドが法人税率の極端な引き下げによる米国 IT 企業の誘致に成功したように，国内企業を自国内に留まらせ，外資を積極的に導入したことで各国の関心が向けられた。

図表10－3　日英米愛の法人税率の推移

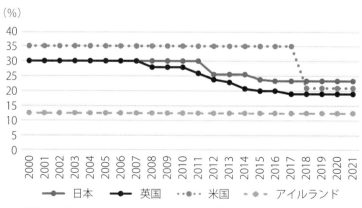

	2021 年
日本	23.20%
米国	21%
英国	19%
アイルランド	12.5%

出所：OECD.Stat 2021 のデータを基に著者作成。

　また，法人税率の高さが企業の成長にとってマイナス要因となることは研究成果にもある。田近（2011）は，次の点から法人税率の引き下げが企業にとって有用であると述べている，①銀行借り入れによらずリスクテイクを取れること，②税引き後利益の増加による株価上昇率が期待できること，③日本への外資の導入を円滑に行うこと，④高い法人税率であれば資本が海外に移動し，国内の雇用が先細ること，⑤所得に関係しない外形標準課税（地方税）は，依然として企業の経済活動にマイナス要因になっていると述べている[5]。

　英国は，2009 年に日本と同様に外国子会社からの配当を実質非課税とする法改正を行った。課税方法が実質的に全世界課税方式から国外所得免除方式へ移行し，英国の企業は法人税率の低い国に進出し，海外の利益を英国親会社へ配当で還元するようになった（Peter *et al.,* 2015 : 1774-1787）。2005 年，米国でも同種の政策が行われ，外国子会社から親会社への資金還流を非課税とした。その結果，外国子会社から親会社への配当の増加や自社株買い等の利益還元が多く認められた。法人税率が低くなれば企業の経済活動は活発化するが，税収面でのマイナス要因は避けられない。

3．タックス・ヘイブン税制と英国の税制

　英国は，諸外国に比べて金融業が早くから発達しており，富裕層が避暑地として利用していた英領ジャージー島などがタックス・ヘイブン（以下，「租税回避地」という）となっており，富裕層が財産を守るために利用している。近隣のアイルランドなど産業の乏しい国は低い法人税率や優遇税制によって米国IT 企業を誘致し，外資導入や雇用確保を行っている。

▌米国 IT 企業の租税回避行為

　租税回避地に実態のないペーパーカンパニーを設立して，租税を回避する方法は以前より行われていた。最近では，GAFA など米国 IT 企業が租税回避行為[6]を行い，米国内の所得を減少させて租税回避地に所得を留保していたことが米国議会で取り上げられた。

　問題となった租税回避行為は，知的財産権の一部を租税回避地に移して取引することによって租税を極端に軽減して利益を租税回避地に留保する仕組みである。これによって，親会社の所在地国では，税収の減少，雇用の衰退，研究開発費の減少などの影響がある。租税回避行為への誘因は，米国の法人税率が高いこと，知的財産権を容易に他国に移すことが可能であること，IT技術者の確保ができること，インターネットを通じて米国の親会社から指揮命令が可能なことが挙げられる。

■ パナマ文書と富の偏在

　2016年にはパナマ文書[7]がメディアに大きく取り上げられ，社会的に広く租税回避地の実態が伝わった。政治，経済，文化などの著名人が報道されたことによって租税回避行為が現実味を帯びた。富の格差が世界的に広がり[8]，富める者が租税回避地を活用することによって，益々自己資産を増やしている状況である。一般的な租税回避行為は，法律事務所等に依頼して現地子会社を設立し，租税計画を依頼できるような個人・企業が対象である。パナマ文書の流出先の法律事務所は閉鎖されたが，世界には未だに多くの租税回避地があり，租税戦略に詳しい専門家がいる限り，租税回避行為は無くならない。

■ 国際課税を巡る新たな動き

　2021年7月，ベネチアで開催されたG20では，経済のグローバル化とデジタル化が検討され，市場国（消費地国）への課税権配分（Pillar1）と各国間の法人税率引き下げ競争の防止（Pillar2）についての大枠が合意された。

　Pillar1では，IT企業が販売先の市場国で納税していない事実を受け，市場国においても適正な利益配分を行ったうえで納税を促すものである。対象はインターネットによるデジタル取引を行っている企業である。現在のコロナ禍でWebによる経済取引が飛躍的に増加したが，国境を越える取引は市場国での課税が制度的に難しく，企業の本店所在地で課税されるため課税の配分が歪められていた。今回の多国間合意は，市場国にも課税権が配分されることとなるため，歪みが是正される方向で議論は収束された。

　また，Pillar2 では，法人税率引き下げの競争を防止するため，法人税率の下限を 15％とする方向で大枠合意された。各国ともコロナ禍で財政状況が悪化しているために，もはや税収の減少をもたらす法人税率引き下げ競争を行うことができない状況が背景にある。タックス・ヘイブン税制のトリガー税率が20％，OECD 加盟国の平均法人税率が約 23％という状況の中で，法人税率15％が下限であることは相対的に低い税率である。しかし，OECD 加盟国の中でアイルランドなど一部の国はいまだ合意に到っていないとの報道があり，今後の各国の財政状況によっては法人税率の変更の可能性を否定できない[9]。

4．ミード報告とマーリーズ報告

　近年，英国の税制に大きな影響を及ぼす報告書に，IFS（Institute for Fiscal Studies）が公表した『直接税の構造と改革』（The Structure and Reform of Direct Taxation: 以下，「ミード報告」という）と『マーリーズ・レビュー』（The Mirrlees Review: 以下，「マーリーズ報告」という）の 2 つがある。ミード報告は 1978 年に，マーリーズ報告は 2010 年に公表され，その時代の英国政府に対して税制改革案を提言した。第二次世界大戦後，シャウプ勧告が日本の税制に対して大きな影響を与えたように 2 つの報告書は英国のみならず世界に影響を及ぼしている。他には，カナダのカーター報告（Report of the Royal Commission on Taxation）が主要な税制改革案としてある。各報告書には，課税の公平，経済の中立性，経済成長への寄与などの共通点があり，ミード報告は支出税，カーター報告は包括的所得税を提言するなど各報告書には特徴的な改革案が盛り込まれている。

■ミード報告

　ミード報告が公表された頃の租税負担率（租税負担額 / 国民所得）（1976 年）は，英国が 36.9％，日本が 19.6％と英国は高い状況であった（貝塚，1991：108）。英国は所得税発祥の地として，所得税中心の税制で租税負担率の高い国であった。ミード報告は所得税中心の税制から直接税としての支出税への移行

を提言したことが大きな特徴である。

　ミード報告は大きく３つの提案から構成されている。①所得税中心から支出税中心の直接税体系への移行，②遺産・贈与等の資産を移転する際に課税する資産移転税を採用し，資産保有期間や財産額に応じて累進的に課税すること，③社会保障年金を最低生活水準に見合った金額にするために所得税の課税最低限と一致することを提言した（貝塚，1991：112）。ミード報告では，支出税の根拠を公平な税負担を図るため，消費を生涯所得の近似値的な指標と見ている。支出税に簡便な方法を採用することによって導入の可能性を見出している。

① 　支出税については，ミード報告が公表された 1978 年の英国では EC 法に基づいた VAT が 1973 年に適用されていた。支出税は消費を課税ベースとしているが，付加価値税のような間接税ではなく，直接税として個々の消費能力を課税標準とした租税であり，斬新な税体系として着目された。しかし，税務執行上，個々人の消費能力を把握することは困難であり，租税理論的に有効なものであっても実現には到らなかった。

② 　資本移転税については，日本の相続税・贈与税は財産の保有期間は税額計算に考慮されていないものの，財産額に応じて累進的に課税がなされている。資本移転税は，日本の相続税・贈与税と譲渡所得課税の混合的な税であり，課税時期を含めて共通点が多い。

③ 　社会保障年金と課税最低限との一致については，日本においては両者の概念は一致せず，65 歳以上の高齢者の場合をみると課税最低限の方が金額的に低い状況にある。年金や生活保護の支給額と課税最低限の概念とは異なり，両者を一致する必要はないとの意見が多い（加藤・白井，2004：8-10）。

　ミード報告は 30 数年前の報告であるが，問題提起は現在の経済，税制にも通じるところがある。

■ マーリーズ報告

　マーリーズ報告は，ミード報告が公表されて約 30 年以上経ち，当時の英国の経済状況，財政状況なども変化したため，新たな税制改革が必要とされた。

　ミード報告が公表された 1978 年度から 30 年後の 2008 年度の税制は大きく変化していた。所得税の基本税率が 33％から 20％へと引き下げられ，VATの標準税率は 8％から 17.5％に引き上げられ，たばこ税など個別消費税，酒税，地方税も変わり，租税の公平，中立などの観点から税制改革が必要となった（大澤，2020：16-17）。

　ミード報告とマーリーズ報告の作成時期の違いは，所得税，法人税など直接税中心の税制から VAT が主要な税収となり，多様な税目から構成されるようになった。マーリーズ報告はミード報告の後継書との位置付けであり，経済のグローバル化，所得階層の分化などの社会状況に応じた税制改革案である。

　マーリーズ報告は，税制への経済学的なアプローチの手法を採用し，個人所得税，付加価値税，環境税，資産課税，法人税及び国際課税など税制への提言を網羅的に論じている（Institute for Fiscal Studies 2011）[10]。同報告書は，課税の公平，中立性，簡素及び環境などを主要な目的として税制改革を提言している。

■ マーリーズ報告の提言

（1）英国税制上の問題点

　マーリーズ報告作成時の英国税制の状況は次の問題点があり，同報告はこれらの問題点を解消するために種々の提言を行った。

①　低所得階層が労働意欲を減退し，生活保障など給付制度が複雑である。
②　所得税と国民保険料が統合していないことによる制度間の不整合性。
③　資本移転税に課税の統一性がなく，貯蓄に対して多様な税が課されていること。
④　現代の地球温暖化対策として環境税が整備されていないこと。
⑤　法人税が投資意欲を妨げており，世界的な法人税率下げ競争に晒されて

いること。

⑥　土地や家屋に対する税制が不統一であり，農地や居住用土地等に対しては課税されないこと。

⑦　VAT の非課税取引や軽減税率は，低所得者への逆進性を和らげるための措置であるが，実際には特定の層を優遇していることなど他の税制を含めて，所得分配に関して非効率的であること（Mirrlees, 2011：480-481）。

（2）マーリーズ報告の主な提言

　同報告書は，上記の問題意識を踏まえて種々の税制改革案を作成し，その前提には，政府の税収の増加，富と所得の再分配を行うことを目的としていた（一由，2020：3）。

① 労働所得課税（The Taxation of Labour Earnings）

　勤労者が労働によって得る所得に係る租税は，租税の基本である。課税最低限が低く課税ベースが広ければ，勤労者に幅広く課税され，生活保障との均衡が問題となる。累進性が急進的であれば勤労意欲の低下をもたらし，累進性が緩やかであれば所得再分配の効果が薄まる。

　英国では，所得課税と社会保障制度が労働所得に対してバランスを取り，「負の所得税」（Negative Income Tax）[11] を採用している。複雑な社会保障制度と負の所得税が低所得層に勤労意欲の減退をもたらしていることから，所得課税と社会保障制度を整合した合理的な累進税率を提言している。所得税率の引き下げは，企業の経営者，株主等に所得が分配されるため，勤労意欲を考慮した所得税率の累進性，租税回避行為の防止が必要とされる。さらに所得税率の単純な引き上げが税収に結び付くわけではないと報告している（Mirrlees, 2011：64-65）。

② 貯蓄（資本）課税（The Taxation of Household Savings）

貯蓄課税は預貯金から生まれる利子のみならず，種々の金融商品から生じる

収益に対する課税を意味する。経済の高度成長期では，利子の非課税措置によって政策的に資本蓄積を増やす目的があったが，現在，多様な金融商品が生まれ，投資目的の資本所得に対する適正な課税が求められるようになった。英国の貯蓄課税は，利子所得と配当所得に分かれ，利子所得は 20％で源泉徴収され，配当所得は 10％の源泉徴収のうえ配当税額控除が適用される。同報告は租税の中立性を重視しているものの，資本所得に他の先進国同様に包括的所得課税が適用されているため，キャピタルゲインに対する時価課税が行われている。また，包括的所得課税の立場から，資本所得に対して勤労所得と同じ税率を課するのではなく，企業の超過利益を源泉とした部分に課税すべきであると提言している（Mirrlees, 2011：313）。

③　VAT（Value Added Tax）

英国に VAT が導入されたのは，1973 年の英国の EC 加盟時である。VAT 導入以前は，大型間接税として仕入税・選択雇用税が適用されていたが，VAT 導入後に同税は廃案となった。現在，VAT の標準税率は 20％であり，非課税項目，軽減税率項目，ゼロ税率項目の複数税率方式を採用し，消費者への逆進性を緩和している。また，インボイス方式を原則採用しているものの，インボイスの保存義務は厳格ではなく，代替的文書も認められている（酒井，2018：187-188）。

VAT は非課税項目，軽減税率等の措置を設けて制度を複雑にしているため，VAT のみで低所得への逆進性を緩和するのは難しい状況である。VAT に所得課税と社会保障制度を併せて制度の在り方を考える必要はあり，VAT を参考にした日本の消費税を取り巻く税制にも共通することである。

④　法人税（The Taxation of Corporate Income）

英国の法人税は，「公正なる会計基準」に基づいた企業利益に法人税法の調整項目を加減算して所得金額を計算している。基本税率は 19％であり，先進国間の法人税率引き下げ競争の先頭を切っている。減価償却は耐用年数の短縮など早期に償却して資本を回収できる仕組みとなっており，企業に対して優遇

税制を行っている。英国の法人税率が低い背景には，隣国アイルランドの法人税率が12.5％と低く外資を積極的に導入していることも一因と考えられる。

英国では，法人税は個人所得税の副次的な位置付けであり，中小企業から大企業まで比例税率が適用され，水平的公平の維持が重視されている。また，租税の効率性を図るために英国独自の制度である株主基金利息制度（Allowance for Corporate Equity，以下，「ACE」という。）を導入している。株主基金利息制度とは，他人資本の支払利息と同様に自己資本で資金調達した場合も概念上の金利を算定して所得控除するものである。この結果，金利を損金に算入したのと同じ効果を生み出す（Mirrlees, 2011：424-425）。

日本では，法人税は個人所得税と並ぶ主要な税収であるが，英国の法人税は個人所得税の補完的な意味合いが強く，税収よりも効率性を重視している。その結果，法人税率引き下げも企業の投資促進など経済的効率性を優先していると考えられる。

⑤　資産課税（Taxes on Wealth Transfers）

相続税・贈与税は，富の再配分に対して有効な税制であり，課税の時期は資産移転の際に行われ，死亡の際の移転が相続税であり，生存中の移転が贈与税である。相続税に適用される基準税率は40％であり，贈与税は0％〜40％（相続7年前まで課税）であり，日本と比べると相続税と贈与税の税率が大きく異なる。また，配偶者への生前贈与，相続等が原則非課税となっている。

同報告では，事業用資産（農業用資産を含む）に対する相続税の免除・軽減措置を制限すること，配偶者には未婚者を含めて原則非課税にすること，贈与税の税率を相続税の半分以下として生前贈与を促し，富の配分を行うことを重視している（Mirrlees, 2011：366-367）。日本においても，最近は配偶者の非課税枠が拡大したが，全額非課税ではないため非課税枠を超過した場合は課税対象となる。

⑥　国際課税（Corporate Taxation in an International Context）

英国では，個人，法人とも日本と同様に全世界所得方式を採用し，海外で課

税された場合は外国税額控除方式によって，国際的二重課税の排除が行われている。ただし，日本は住所や本店所在地を基準として課税するのに対して，英国は管理支配基準を採用し，外国に法人を登記しても，経営の実態が英国であれば英国での課税となる（酒井，2018：230）。英国にはタックス・ヘイブンに登記等を置く個人や法人が多くあるので，管理支配基準は租税回避防止の措置として必要である。「英国には英領ケイマン諸島やヴァージン諸島が存在するためか，マーリーズ報告書はタックス・ヘイブンには触れていない」（一由，2020：154）。同報告はIFSで刊行された公的な文書であるため，英国で伝統的に容認されているタックス・ヘイブンについて記載されていないと考えられる。

5．英国の税制と日本の税制との関連性

　前節ではマーリーズ報告の提言を考察してきたが，本節では英国と日本の税制との考察を行う上で主要な税目を取上げる。英国と日本では，歴史，風土，人種，経済状況等が違うものの，伝統的に直接税中心の税制であり，両国とも付加価値税が導入されていることは共通点である。

（1）所得税

　所得税は，両国とも税収の大きな柱としており，累進税率によって所得の再分配を図っている。しかし，英国では高所得階層の税率を上げることによって，富裕層の勤労意欲を低下させて税収を減少させる結果となっている。また，社会保険が税と一体化しており，低所得層に生活保障額が厚く支給されて勤労意欲が低いため，給付付き税額控除が設けられている。給付付き税額控除には，勤労者税額控除（Working tax credit）と児童税額控除（Child tax credit）があり，将来，統合の予定がある。給付付き税額控除は日本でも検討されていたが，行政コストの増加，マイナンバーカード制度を含めた情報データの未整備によって実現は難しい状況である。

（2）消費税

　消費税について，日本の消費税は欧州の付加価値税を参考としているため，税率や非課税，軽減税率などの複数税率，インボイス方式を除けば類似の構造となっている。本来，EC 型付加価値税を理想としながら，中小規模の事業者や消費者からの反対による消費税導入の困難性があった。その後も，課税ベースの拡大，消費税率の引き上げ，税込表示等と時間をかけて段階的改正を行ってきた。しかし，日本の消費税には，免税事業者や簡易課税制度による益税問題と中小企業規模の事業者を優遇する結果となり，原則課税の課税事業者との間で不公平が生じる結果となった。しかし，2023 年 10 月から導入されるインボイス方式によって免税事業者の減少や取引の透明化が期待されるが，簡易課税制度の廃止については未だ道筋ができていない状況である。

　現状を見ると，簡易課税制度の存続は原則課税の課税事業者との公平性を欠くことになり，消費税制度は事業者の間で定着しているため，益税という優遇措置を継続する根拠はないと思われる。英国のように，VAT 単独で低所得層の逆進性に対応するのではなく，所得税や社会保障制度と一体となり，消費税制を考える必要がある。

（3）法人税

　近年の英国の法人税の動きについて，段階的に法人税率を下げて外資の導入や自国企業の国際競争力を図っており，実際に，多くの日本企業が英国へ進出し，雇用等の地元経済に貢献している。日本の法人税率も 1984 年には 43.3％であったが，その後段階的に引き下げを行い，2018 年以降 23.2％である。しかし，法人税収は国税全体の 15.6％（2021 年度予算）を占めており，景気変動によって増減はあるもののコロナ禍でも貴重な税収である。英国の VAT 税率 20％と日本の消費税率 10％の差額を埋めるのが法人税収と考えられる。実際に英国と違い，外国から日本への外資進出は言語，文化，規制などの障害があり，法人税率を下げても外資が増加するかどうかは疑問である。実際に，欧米の企業は安い労働力の確保が可能なアジア諸国へ進出しているのが実態である。現在の日本の法人税率の引き下げは，結果として日本企業の内部留保の増加に結びつい

ている。グローバル企業であれば，法人税率の引き下げによって研究開発費への支出を増やすなど国際競争力の強化に繋げるが，国内の内需型企業は法人税率引き下げの恩恵を受けて内部留保を充実させていると考えられる。

　英国の法人税には ACE の概念が取り入れられ，自己資本による調達を支援するなど進んだ理論が取り入れられている。日本においても，外資導入や国際競争力の強化を図る目的であれば，法人全体の法人税率下げより外国法人や海外進出法人への優遇税制，研究開発費を促進する政策，外国人従業員を雇用する法人に対する支援税制などの検討も必要であると考える。

（4）国際課税

　国際課税について，最近の国際的な租税回避行為の背景には，企業の税引き後利益の最大化がある。企業は税引き後利益の最大化を行うことによって，株主への配当額増加や内部留保の充実，自社株購入など合理的な行動を取る。

　また，税法は国内取引のみに適用されるため，他国の税法を利用した国際的な租税回避行為を防止するのは難しい。防止するためには，今回の G20 のような多国間の枠組みでルール作りが必要である。現在，企業側に納税の面でもコンプライアンスの遵守，企業倫理の確立，社会貢献などがより求められる時代になった。

【注】

1）タックス・ヘイブン課税は，「CFC（Controlled Foreign Company）税制」を意味し，自国の企業が実質率の著しく低い租税回避地に子会社を設立して利益を留保している場合，親会社との株式等の持分に応じて，親会社の所得に外国子会社の所得を合算して親会社の所在地国の法人税率を課する制度である。日本の法律では，会社の租税負担割合 20％ 未満（トリガー税率）の場合に適用対象となる。

2）米国下院民主党は 2021 年 9 月 13 日，上下両院で法人税率 26.5％の増税案を提案した。

3）Offshore とは沖合の島を指し，タックス・ヘイブン（軽課税国）と同義に使用されている。タックス・ヘイブンとして有名なヴァージン諸島，ケイマン諸島，バミューダ諸島などは英国の旧植民地であり，現在も英領である。

4）2021年7月10日にベネチアで開催されたG20（財務相・中央銀行総裁会議）において，法人税の最低税率15％以上で大枠合意した。

5）日本の法人税率の高さによる企業への悪影響を指摘している。田近（2011：108-110）。

6）租税回避行為は，納税者が租税法のもつ不確定性，曖昧さを逆手に取ることにより行われるものである。Soles, M., Wolfson, M. A. *et al.*（2016：34）。

7）パナマの法律事務所モサック・フォンセカにおいて，顧客から租税回避行為を依頼された機密文書を言い，同文書の流出によって企業や富裕層の租税回避行為が一般社会に知られるようになった。

8）トマ・ピケティは，富の偏在を実証的な手法を用いて証明した。英国においても，上位10％の所得階層が国富に占める割合が第一次世界大戦直前には90％以上を占めていた。その後減少したものの，2010年でも約70％を占めている。Piketty（2013）（＝山県浩生・守岡桜・森本正史訳，2014：357-361）。

9）国際課税の新たな課税ルール作りは，2021年10月に最終合意が行われ，2023年に施行される予定である。

10）マーリーズ報告は第1章概説（Introduction）から第20章税制改革への提言（Conclusions and recommendations for reform）までの構成であり，税制全般を網羅的に触れている。

11）「負の所得税」は課税最低限以下の層に対して，一定の給付額を支給するものである。ミルトン・フリードマンが提唱したことで知られる。

参考文献

Bank of England（2021）*Monetary Policy Report*, August 2021.

HM Treasury（2021）, Budget 2021, *Protecting the Jobs and Livelihoods of the British People*.

Institute for Fiscal Studies（2011）*Tax by Design: The Mirrlees Review*, Oxford University Press.

Peter, E., Valeria Merlo, Martin Ruf, and Georg Wamser（2014）"Consequences of the New UK Tax Exemption System: Evidence from Micro-Level Data", *The Economic Journal*,（125）.

Piketty, T.（2013）, *Le Capital au XXIe siècle*, Editions du Seuil.（山県浩生・守岡桜・森本正史訳『21世紀の資本』みすず書房，2014年）。

Soles, M., Wolfson, M. A. *et al.*（2016）*Taxes and Business Strategy: A planning*

Approach（Fifth Edition）, Pearson Education Limited.

浅野高徳（2020）「英国の税務行政と最近の主な取組」『税大ジャーナル』第 32 号。

一由俊三（2020）『マーリーズ・レビュー研究─普遍的租税制度への接近─』税務経理協会。

大澤美和（2020）『個人所得税の改革と展望─マーリーズ・レビュー提案を中心に』泉文堂。

貝塚啓明（1991）『日本の財政金融』有斐閣。

加藤一郎・白井浩一（2004）「課税最低限の水準に関する考察」『高崎経済大学論集』, 47（1）。

酒井翔子（2018）『現代英国税制』税務経理協会。

田近栄治（2011）「日本の法人税をどう設計するか：課税ベースの選択と国際化への対応」『フィナンシャルレビュー』（102）。

デジタル経済下における国際課税研究会（2021）「デジタル経済下における国際課税のあり方（デジタル経済下における国際課税研究会中間報告書）」。

—— 第 11 章 ——

英国重商主義段階における
商人層と銀行の位相

久保田義弘

　本章では，生産物市場の商人層と金融市場の金融機関（商業銀行）がそこで
の取引を統合する（結びつける）活動を考察する。商人層（卸売業者や小売業者）
は，短期の生産関数で行動し，生産物市場における売り手と買い手の活動を統
合することによって社会的役割を果たしている。商人層は，固定資本の水準を
一定にし，流動資本の水準を制御し，市場取引を統合することを考察し，ま
た，金融（資金）市場においては，そこでの取引を統合する役割を果たす商業
銀行（銀行組織）の統合活動についても多少考察する。

　英国の王政復古から 18 世紀初めの頃，特に，重商主義政策のもとでの，商
人層や初期の英国銀行の活動を明らかにすることを通じて商人層や商業銀行の
経済取引ならび国民所得に与える効果を考察する。重商主義政策下では，卸売
業者は取引される生産物の売り手としても，生産物の買い手としても独占者し
て活動した。設立当初の英国銀行は，金融機関として，金融（資金）市場で貯
蓄主体と投資主体の統合の役割を担っていた。

1．生産者あるいは商人の生産（取引）活動と生産関数

■ 商人の働きと今日の経済学

　国内の卸売業者は，国内の生産者や仲卸業者や小売業者に生産物を売り渡す
役割，すなわち，生産物の生産者と仲卸・小売業者を結びつけるだけではな
く，また外国から生産物を輸入するときには，外国の卸売商との取引を通して
国内と外国の取引をも統合する。小売業者は，生産者と消費者を結びつけ，市

場を統合し，生産物の最終需要者（消費者）のニーズ情報を商人に伝える役割
を担っている。また，消費者と直に接する行商人は，消費者の欲求を生のデー
タとして持っている。ワルラス流の経済学（今日の経済学）では，取引を取引
所での交換として説明し，商品の価格情報などは取引所の競売人が与えると仮
定されている。そこでの取引は競売や入札あるいは相対での取引であるが，し
かし，実際の社会では，そのような取引所での取引は例外的であり，多くの取
引は仲介者である商人層を介しての取引である。

▌商人層の生産関数

　卸売業者も仲卸売業者も小売業者も取引には，彼ら自身や運送員や船員など
の労働サービスだけではなく，その運送のための車や船舶などの固定資本ある
いはその生産物を仕入れるための流動資本が使用される。このように卸売業者
や小売業者などの資本は固定資本と流動資本である。流動資本の規模が大きい
商人層は，より多くの生産物を取引することができる。同時に，その固定資本
の規模もその取引を大きくしうる。

　卸売業者などの商人の生産関数は，$Y=F(K, k, L)$ と表されるとしよう。
その商人は，例えば，ある地点から他の地点に生産物を移動することから，ま
た，この生産物の属性を変化させることなく，生産物を仕入れ異なった状態で
保つことから，そのサービス（Y）を生みだす。そこで，K が固定資本，k が
流動資本である。また，L は労働サービスの投入である。自動車や荷馬車ある
いは船舶などの固定資本を購入し設置すると，商人層は，短期的には，固定資
本の規模を変えることなく営業するが，流動資本の規模を生産物の仕入量と共
に変化させることができる。商人層は，流動資本としての生産物の仕入が数量
的に増加するときには，同時に，運送人やその監督者の人数を増加させること
になる。

　固定資本を $K = \bar{K}$ 水準に固定して，労働サービスと流動資本が変化する生
産関数を $y = f(k, L)$ としよう。これは，経済学の領域ではよく知られ
ている短期の生産関数で，商人層の生み出すサービスが y である。この関数で
は，労働サービスと流動資本の投入量は比例的に変化すると想定されている。

■ 卸売商人（外国貿易商）の活動：アダム・スミスの『国富論』から

　最初に，国内の生産物のみを取引する卸売業者について説明しよう。例えば，ニューカッスルで石炭を購入し，それをロンドンに卸す商人である。またスコットランド南部地方で羊毛を買い入れて，それをヨークシャーの加工製造業者に卸す卸売業者である。これらの卸売業者は国内生産物の卸売業者である。

　次に，外国の生産物の卸売業者（外国貿易商）の取引について説明しよう。スミスの『国富論』の第2編第5章ならびに第4編において幾多の例を挙げて説明されている外国貿易商であるが，これについては，3つの交易／貿易のパターンが考えられている。最も説明し易いパターンは，国内の生産物と外国の生産物を交易するパターンである。この取引では，国内の生産物を生産する生産者（穀物であれば農業生産者）から仕入れて，それを国内の外国貿易商（卸売業者）に売り渡し，その見返りとしてヨーロッパから麻あるいは亜麻を買い入れる。麻や亜麻は，国内の製造業者に売り渡され，麻布や亜麻布に製造される。

　英国の外国貿易商は東インドあるいは西インド諸島や北アメリカの植民地との取引を盛んに行っていたが，その第2のパターンは，英国から西インド諸島（バルバドスやジャマイカ）に国内の日用雑貨品を輸出し，西インド諸島から砂糖を輸入し，そして，国内消費分を国内の商人に売り渡し，その残りの砂糖をヨーロッパの麻や亜麻と交易する。西インド諸島からの砂糖は，ヨーロッパに再輸出される。西インド諸島の砂糖もヨーロッパの麻や亜麻のいずれも，英国以外で生産される生産物である。

　その第3のパターンは，国内の外国貿易商によって輸出入されるすべての生産物が外国で生産された生産物（製品）である。例えば，北米のメリーランドやヴァージニアからの煙草で西インド諸島からの砂糖やラム酒を購買し，その砂糖やラム酒をヨーロッパの麻や亜麻と交易する。砂糖やラム酒，そして煙草も麻や亜麻のいずれも外国商品である。

▌商人活動のパターンとその違いの国内生産に与える効果の違い

　国内の生産物のみを交易する場合と，国内の生産物と外国の生産物を交換する，あるいは，外国の生産物で外国の生産物を購買する中継貿易では，国内総生産に異なった効果を与える。ある国内生産物で他の国内生産物を購入する場合には，その商業活動は国内の両事業者の生産活動を活発にする。だが，取引業者が国内生産物を輸出し外国の生産物を輸入することは，輸出する生産物の国内の事業者の活動を活発にするが，輸入生産物では外国の事業者の活動を刺激する。同額の商業資本が投下されるとき，国内生産物同士の交換と，一方の生産物が外国で生産された生産物の交易を比較すると，前者の方が国内総生産にもたらす効果がより大きい。商人のサービスの大きさは，両者の交易では同じであるとしても，交易される生産物の事業者の生み出す生産物の大きさは，交易される両生産物が国内生産物である方が，片方のみが国内生産物である場合よりも国民所得（国内総生産）に及ぼす効果はより大きくなる。

　ケインズの経済学では上にて説明したことを乗数効果として説明される。卸売業者が資本金 A ポンドを取引に投下するとしよう。両生産物が国内生産物であるとき，a+b ポンドの国民所得が生み出され，その効果は A+a+b である。交易される生産物が片方だけの場合には，派生される国民所得は a（あるいは b）ポンドである。a も b も正であるので，明らかに a+b は，a（あるいは b）を超える。それへの効果は，A＋a あるいは A＋b である。同じ初期投資の商業資本が同額の A ポンドでも，取引が国内生産物間で起こる場合と，国内生産物と外国生産物との間で交易される場合では，その投資の国内総生産（国民所得）に及ぼす効果は異なる。また交易される生産物のいずれもが外国生産物である場合には，商業資本 A ポンドの国民所得への効果は，さらにより小さくなる。この時，国民所得への効果は，初期投資される商業資本の大きさ A ポンドのみであろう。

　この説明から明らかにされるように，外国と取引のないときの乗数効果は，外国との取引がなされる場合の乗数効果よりも大きい。例えば，線形の消費関数ならびに線形の輸入関数を想定するときには，限界消費性向が c（0＜c＜1）で，限界輸入性向が m（0＜m＜1）であるとき，国内生産物の取引時の

乗数効果はA／（1－c）であるが，外国との取引もある場合の乗数効果は，A／（1－c＋m）となる。明らかに，1－c＜1－c＋mであるので，乗数ならびに乗数効果は，外国との取引がない場合の方が大きく，その国内総生産（国民所得）への効果はより大きい。

　ケインズもスミスも，同額の投下される商業資本によって，外国との取引がない場合の方が，国民所得水準に与える効果がより大きいと説いている。両経済学者はその説明方法は異なるが，商取引の国内の生産に与える程度の違いの国民所得に及ぼす影響の違いを適切に説いている。商業活動の国民所得への効果が異なることをスミスは，国内の生産活動をどれほど刺激するかの違いで説明し，中継貿易あるいは迂回的な貿易では，国民所得への効果はより小さくなると適切に指摘している。

　さらに，その上，スミスは外国の生産物を再輸出する場合には，資本（資金）回収により長い時間を要するので，商人層が国内生産物を卸売する方が国内総生産により大きな効果をもたらすことも指摘している。

2. 商人の生産活動と資金制約：商事会社（株式会社など）の取引活動とその独占

▌ 商人活動とその資金制約

　生産物の生産者あるいは卸売業者などの商人層は，手許資金で生産活動や商業活動を続ける。その資金制約は経済学では $rK+wL \leq C$ と表され，その生産者が一定の資本金（C）を資本サービス（K）と労働サービス（L）の購入に向けることを示している。rは資本のレンタル（賃料，賃貸料），wは賃金（時間給，週給など）である。実際の経済では，固定資本を生産者が保有する場合もある。今日では，固定資本は賃貸される場合が多く，病院の設備の高額医療機器はリースである。固定資本が保持されるか賃貸されるかに関係なくrはその賃料である。それを保持する場合には，rは暗黙賃料とされる。rは，その保有機会費用と説明される。

　商人が $y = f（k，L）$ と表される短期の生産関数にて活動するときには，

運送車や荷馬車や船舶等の固定資本を商人自身で用意するが，これは，短期の生産関数では固定される（あるいは固定資本は公道や港湾あるいは要塞のように公的部門によって整備されると想定されうる）。その商人の流動資本（k）の収益率をRとすると，商人の費用制約はRk+wL≦Cと表される。商人は，物理的に同じ属性の生産物をある地方（地点）から別の地方（地点）に輸送すること，あるいは生産物を倉庫や店頭において貯蔵・陳列することなどから収益を得る。これらのサービスの収益率がRである。これは，ある地方と輸送先の地方でも同じ属性の生産物の価格差（マージン）に対応している。

■ 商人の資金調達：ロビンソン・クルーソーにみる資金調達の方法

　商人は，Rk+wL≦Cの下で卸売事業や小売事業を営むが，生産物の購入に必要な資金と，運搬人あるいは貿易商であれば航海士や水夫や船大工などを雇用する賃金を準備する。その資金額の合計がCであるが，商人の事業を継続するためにはこの資金の（事前）準備が必要である。その資金は，金融業としての商業銀行から借り入れられるが，ベンチャー事業では，それを商業銀行から融資するのが困難であり，2から3人の共同経営（合資会社あるいは合名会社）によってその資金を持ち寄って事業を継続する。

　例えば，ロビンソン・クルーソーが無人島に漂着する以前にブラジルで農園経営をしていたときには，彼には共同経営者がいた。そこで4年間ほど農園経営をするが，最初の2年間は食糧（穀物）の耕作を行い，3年目には煙草，4年目には甘藷（さつまいも）を植え，さらにそこで生活していれば，彼は確実に中流の生活者になれた。事実，クルーソーは，その農園では煙草の余剰生産物を得ていて，一人の黒人奴隷とヨーロッパ人の召使いを使用していた。だが，彼は，地元の貿易商人とも親しくなって，ギニアに向けて他13名と共に奴隷買い付け船舶に乗船したが，英領ギアナ沿岸（オリノコ河の河口）付近で嵐のために座礁した。彼だけが幸運にも生き残り，28年間無人島（島に生活して25年後に，偶然，捕虜として島に来たフライデーに出会う）で暮らす。

　彼は，無人島で生活する間にもブラジルにある農園の共同経営者であった。彼の共同経営者は，他のパートナーの意向／方針を無視して自己の出資額を自

由に処分できず，またその経営には無限責任があった。クルーソーは，無人島から 1687 年 6 月に英国に戻った後に，ブラジルの共同経営者から彼の取り分として多額の財産を引き受けている。彼は，共同経営者として 5,000 ポンドの財産（無人島生活における純収入額の累積）と，その不動産から年収 1,000 ポンドの収入を得ることになる。その後，彼は結婚し，地主となり，ジェントルマン階級の仲間入りを果たしている。しかし，彼の妻の死後，東インドやジャワ島やモルッカ諸島，そしてシナ（中国）への冒険的交易に身を投じる。

　17 世紀中頃から 18 世紀中頃の英国では，固定資本は事業者自身によってあるいはその共同経営者との共同出資で調達されたと思われる。流動資本や運送人等の雇用については，商業銀行などからの融資を受けてその費用を賄っていた。今日の経済学では，競争的な商人取引を想定し，R や w などの取引価格は，個々の卸売業者には一定・所与であると想定される。

▌排他権利を行使する大商人の影響：取引価格の上昇と死重の発生

　だが，スミスあるいはクルーソー（すなわちデフォー）が活躍した時代は重商主義政策の下にあった。さらに，ロンドンの大商人には排他的特権を国王あるいは議会から与えられていた。流動資本からのマージンには買い手特権（排他権利），すなわち買い手独占権が付与されると，その流動資本の供給量は競争状態に比較して低く抑えられる。

　そのイメージは図表 11 - 1 に示される。買い手独占の均衡については価格理論（ミクロ経済学）ではよく知られていることであるが（例えば，『価格理論 I』を参照（今井ら，1971：259）），その縦軸に R，横軸に k として流動資本（砂糖や煙草などの外国の生産物）を取る。重商主義政策の下では，砂糖や煙草などの輸入卸売業者が買い手独占者であるが，その運送人や船大工などの市場は独占ではなく競争的である。流動資本である砂糖あるいは煙草の逆供給曲線は右上りの ej 曲線である。買い手独占者の輸入卸業者は，流動資本の供給量を制御しながら流動資本からの利潤（利益）を最大になるように行動している。排他的独占権がその卸業者に与えられるとき，砂糖あるいは煙草の供給量は ok* 水準に決定される。もしその市場が競争的であれば，それは oC* 水準に決定され

図表11－1　排他的権利を国王あるいは議会から付与されている
大商人の買い手独占とその死重

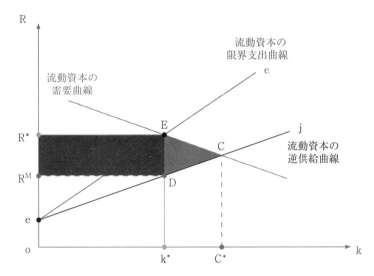

る。排他的買い手独占者がいるときには，競争的状態に比べるとその砂糖ある
いは煙草の供給量がより少なくされる。

　買い手独占の場合には，競争と比較すると死重が発生する。その死重は上の
図表の三角形 CDE の面積で示される。死重は，一部は輸出業者余剰の減少と
して，一部は輸入業者余剰の減少と表される。それでも輸入業者の買い手独占
によって生まれる利潤は，上の図表の四角形 EDR^{M}R* である。この独占利潤
は，輸入業者が失う余剰を上回っている。重商主義政策の下では，それは国王
あるいは議会によって与えられた特権から生じていたが，輸入独占利潤を貪る
大商人たちが議会内で多数を占めていたことから，排他的独占者の行動を制止
する力を社会的に生み出すことはできなかったと思われる。

▌重商主義政策批判：アダム・スミスの批判に沿って

　スミスは，クロムウェルの航海法に代表される重商主義政策を社会全体の観
点から捉えて考察し，その政策下では砂糖や煙草あるいはラム酒などの資源の

喪失が生まれることを指摘し，その政策の執行停止を訴えている。その訴えにも拘わらず，独占権を握り占めた大商人はその独占利潤を蓄積し続け，その上，西インド諸島の砂糖をロンドンに輸入する大商人は，国内で消費しきれない余剰分をヨーロッパに再輸出することによって戻し税を得ていた。ロンドンの富裕な大商人は，輸出に関しても排他的特権を与えられていた。煙草もまた，北米の植民地のメリーランドやヴァージニアからの輸入独占権を付与された富裕な貿易商が独占利潤を得て国内に輸入され，その余剰生産量はヨーロッパに再輸出された。砂糖や煙草についてその権利を付与された富裕な大商人（貿易商）は，その植民地メリーランドやヴァージニアにイングランドの日用雑貨を輸出し，その見返りとしてそれらの植民地から煙草を輸入し，その煙草と西インド諸島の砂糖と交換し，そして砂糖あるいは煙草をヨーロッパの国々に再輸出していた。ロンドンの大商人でかつ貿易商であった卸業者は，排他的独占権から買い手，かつ，売り手としての独占利潤を得て，その資本蓄積を進めていたと考えられる。この蓄積資本は，ロンドン（シティー）の金融業者（銀行家）として活動する彼らの原資になったと考えられる。そこでは大商人から金融業者として現れる者があったと考えられる。

▌ 商人の独占からの超過利潤は産業革命の原動力にならず

　その資本蓄積が英国の初期の（第一次）産業革命の原動力になったと考える説もあるが，それを裏付けることは難しい。アークライトによる紡績機械の開発やその工場生産を推進し資金を提供したのはロンドンの富裕な大商人ではない。彼は，理髪業・鬘職人として鬘用の染料の発明で得た資金をその元手にしていた。その資金を紡績業の機械化に投じた。アークライト自身の紡績機制作による特許料からの資金あるいはランカシャーやノッティンガムなどを活動の中心にする中流以下の職人層との共同経営者からの資金を紡績業の固定資本金としたと考えられる。アークライトもクルーソーと同じように，資金や必要な技術を提供する共同経営者と組んで紡績業の機械化と工場生産を推進したのであろう。そうであるならば，ロンドンの富裕な大商人の蓄積商業資本が産業革命に活用されたという説に素直には賛同できない。外国貿易で巨万の富をなし

た大商人は，ジェントルマン階級にのしあがって，擬似ジェントルマンとしてのステイタスを得た。例えば，バース等に土地を購入し，大邸宅を建て地主になった。貿易商の狙いは，ジェントルマンのステイタスを得ることであったと思われる。決して，彼らが，次の産業を担うアークライトやワットあるいはスティーブンソンなどのマニュファクチャーの職人層に発明・開発の資金を提供することを考えていたとは思われない（参照，川北，2010：174-176）。

■ 重商主義政策下の大商人の活動：規制会社と株式会社

　重商主義政策の下で，排他的特権を与えられた貿易商は，規制会社（制規会社）と株式会社（ジョイント・ストック・カンパニー）を設立して商業（経済）活動を行った。前者の規制会社は，外国通商貿易に携わる規制会社で，例えば，ハンブルグ会社やトルコ会社やアフリカ会社であった。これらの会社のメンバーとして貿易を行うためには，一定の許可料（参加手数料）を支払う義務があった。この参加手数料が規制されていた。ゆえに，その会社は，その料金を納入する商人がトルコやアフリカやロシアなどとの交易で排他的特権を行使できた。例えば，ハンブルグ会社への参加手数料は 50 ポンドであった。トルコ会社への参加手数料は，26 歳以下の人物では 25 ポンド，26 歳超では 50 ポンドであった。

　零細な小売店主や小売業者は，その排他的特権から排除されていた。また，その交易政策も圧制的であった。例えば，トルコとの輸出入ではトルコ会社の構成員にしかその船舶を利用できないとされ，クルーソーなどのような私的な冒険商人や独立商人は，トルコとの地中海貿易から締め出された。私的な冒険貿易商人などを排除し，地中海を通って東インドやジャワ島やモルッカ諸島から国内に輸入される絹やキャラコや香料の輸入価格あるいは輸出される毛織物の価格が引き上げられた。英国西部（ランカシャーなど）の織物業者によるその製品のインドなどへの輸出では，トルコ会社の共用船舶以外の船舶では輸出することが許されなかった。船舶がロンドンから出航し，ロンドン近郊地区に居住する業者にその交易は限られたからである。酷い場合には，ロンドン市民権所有者以外の人物はトルコ（絹やキャラコや香料などの）貿易から排除された。

規制会社がその構成員以外の貿易商をトルコ交易から排除し，独立貿易商など
の活動を妨害したのは，確実に独占利潤の獲得が狙いであった。この独占利潤
（レント）の獲得が，喜望峰を巡回してインドあるいは東インド諸島との交易
を開きかつ活発にした大きな誘因であったと考えられる。

　外国貿易での排他的特権は，規制会社にだけではなく株式会社にも付与され
た。規制会社では出資金は合本されず，出資者は自身の出資金を活用して取引
を行った。株式会社では出資金が合本され，出資者はその持ち分に応じて会社
の共通利益から配分された。株式会社における貿易は，重役会（取締会）が管
理し，その重役会は株主総会の管理下にあった。その株主には，会社の貿易業
務にではなく，重役会が決定する配当に最大の関心があった。よって，出資者
の株主は，会社の同意を得ることなく，自己の持ち分については自己の判断で
処分し他人に譲渡できた。ゆえに，新たな出資者を株主に加えることができ
た。株主の持ち分の価値は，株式取引所（初期のころは，株式は今日のように公開
取引所で売買されずに，コーヒー・ハウスなどで取引され，相対取引であった）で売
買され価格形成がなされたので，その市場の流通価格を発行価格よりも高めに
誘導する操作が有力な株主（大商人）によって画策された。有限責任制のもと
では株主は，その持ち分にのみ責任があった（1665 年までは株主には無限責任制
があった。初期のジョイント・ストック・カンパニーは無限責任制であった点が今日の
株式会社との大きな違いである）。

　排他的特権を付与された規制会社あるいは株式会社は，実際，外国貿易では
私的な冒険商人や独立商人との競争に晒された。例えば，排他的特権を付与さ
れた株式会社であった王立アフリカ会社やハドソン湾会社は，私的な冒険商人
や独立商人との競争に晒され，その競争のもとで南海での奴隷貿易や北アメリ
カ植民地での毛皮貿易に取り組んでいた。

■ 南海の夢と株式会社の活動：排他的権利を付与されて南海会社の設立

　また，南海泡沫事件で知られる南海会社も株式会社であった。クルーソーの
ように南海の夢（「エル・ドナード」：南海貿易は儲かるという漠然とした期待）に刺
激されて南アメリカ諸地域との貿易・植民活動を目指し南海会社が設立（1711

年）された。その総裁がハノーヴァー王朝ジョージ 1 世で，当時の政府高官も
南海会社を支持していたことから，この会社は東インド会社より儲かると期待
された。その最初の貿易はスペイン領西インド諸島などとの黒人奴隷貿易で
あった。この会社は，スペイン継承戦争（アン女王戦争）（1702 から 1713 年）の
講和条約であったユトレヒト条約で，スペイン国王が発行する許可証，すなわ
ち，アシェントによって，南アメリカのスペインの植民地プランテーションに
黒人奴隷を売り込む貿易に関する排他的特権が与えられた（1713 年から 1750 年
まで継続）。この貿易で年間 4,800 人の黒人奴隷と船 1 隻分の商品 500 トンを南
アメリカ大陸に供給する権利が獲得された。

　実際，南海会社の営業状態は如何なるものであったのであろうか。アシェン
ト貿易には損失が生まれていた。例えば，『国富論』第 5 編第 1 章には，南海
会社の営業成績は惨憺たるものであったと記述されている。南海会社にはスペ
イン国王から排他的特権（関税上の優遇）は与えられたが，南海会社には強力
な競争相手があったために，西インド諸島への黒人奴隷の輸送に関して許可さ
れた 10 回の航海のうち 1 回（1731 年のロイヤル・カロリング号）以外は損失で
あった。また，1724 年に南海会社は捕鯨業に手を出したが，8 度のグリーンラ
ンドへの航海のうち，1 回以外は利益を得ることがなかった。南海会社には排
他的特権が与えられていたにもかかわらず，他の貿易商との競争に敗北した。
何故であろうか。

■ 南海会社の金融機関への道とその怠慢にして傲慢な経営

　その競争に敗北したわけをスミスは，南海会社の株主のみでなく，会社の管
理者もその貿易に責任を負うことがなかったからであると言う。会社の株式の
投機事業における無謀な投資や無駄遣いが南海会社の営業成績を不振にした。
その会社は，南アメリカの黒人奴隷やスペインの植民地のプランテーションに
商品などを輸送する貿易で成果を上げることができなかった。その貿易からの
成果を期待できなくなって切羽詰まった会社は，すでに 1719 年には金融機関
の道（南海計画）に踏み込むことを決意していた。それは，ウィリアム王戦争
（1689 から 1697 年）やスペイン継承戦争などの対フランス戦争の遂行のための

戦費調達のためにその王国発行の国債を引き受け，それを南海株と等価で交換する計画であった。その政府は，1692年にその戦争のために100万ポンドの国債を発行し，その後も民間から借り入れをしていた。その会社は，その国債の保有者に南海会社自身の将来性を期待させて，国債を南海株に転換する計画を推進した。会社は，黒人奴隷貿易などの商業活動などだけではなく，政府発行の国債を引き受ける金融機関としても営業することになった。1720年4月に南海計画法案が議会で可決された。ヨーク出身のエイスラビー蔵相がその計画を提案した。

　南海会社は，年利5%で1,000万ポンドの戦費調達のために発行された国債を引き受けた。この会社以外の国債保有額は5,000万ポンドで，その内訳では商人や地主が3,000万ポンド，2,000万ポンドが東インド会社とイングランド銀行であった。南海会社引き受けの国債を南海株に等価で交換する計画では，その株価が上昇し，国債の持ち主と株式を等価で交換しても，会社の手元には株式が残り，それは南海会社の利益になった。会社は，本来の営業によってではなく，株価を仕手として操作することによってキャピタル・ゲインを脹らませ，株主である富裕な商人や政府高官を喜ばせる政策に舵をとった。さらにイングランドの全ての国債の引き受けも提案していたのである。

　南海会社は，かの特権の付与された貿易の営業ではさっぱりであったが，その株価の急激な上昇が起こった。何故であろうか，不思議である。今日では，株価は景気の先行指標であるので，その上昇は，その営業成績が良好である（期待される）はずであるが，そうではなく，会社自身が仕手となり短期間に急激な株価上昇を操作（投機）し実行した。1720年4月に300ポンド（額面100ポンド）であった株式は，7月から8月には1,000ポンドを超えていた。その間に株価は3倍以上（額面との比較では10倍）に上昇した。その操作とは，国債保有者に資金を貸し付け，南海株を買い付けさせ，その株価を上昇させるものであった。南海株の保有者に対して100ポンドにつき250ポンドを貸し付けて株を購入させ，南海株を上昇させ，その株主にはキャピタル・ゲインが生まれる仕組みであった。その上昇は一種のバブルであった。その実態は，すなわち，企業収益を伴わない株価の上昇であった。ゆえに，バブルが弾けると一気

に株価が急落するのは明らかであった（参照，浅田，1986：130-137）。

■ 南海泡沫事件の発生と株価の操作

　南海会社の株価の上昇は，株価の投機の種を植え付け収益実体のないペーパー・カンパニーを泡沫会社として出現させた。議会は特許状の発行されない会社を起訴する法案を通過させて対処し，実際にその法案がいくつかの泡沫会社に適用された。それを切掛けにして南海の株価も天井をつき，急落に転じた。同様に他の多数の泡沫会社などの株価急落は，その保有者の財産を急激に萎ませ，破産に陥る人や会社を出現させた。1929 年のアメリカの株価暴落を想像させるだけではなく，それは，日本の 1989/1990 年の株価暴落や最近（2021 年）の中国の株価暴落と似た社会状態であったのであろう。南海事件の後始末は，新たに蔵相に就任したウオルポールに託され，南海計画を議会に提案したエイスラビー蔵相やサンダーランド首相の財産没収あるいは投獄により事件の幕引きがなされた。

　最初のバブル（泡沫事件）として知られる南海事件であるが，その事件の発端は，政府の大量の国債発行にかかわる負債の返済手段を南海会社に肩代わりさせる計画（政策）にあった。その発行は戦費調達のためになされた。南海会社は政府によって国債引き受け会社に利用されたのであろう。当時，政府の民間からの借金はその税収を当てるのが通常であったが，膨大な国債発行分の利払いと償還額の全てを国民（臣民）からの税収でカバーしきれなかったので，政府は，南海の夢を利用し，国債の利払いとその償還に関する計画を打ち出させたのであろう。

　その背景には，王政復古後の経済力が大きく伸張したことがある。国民所得の増加に大きく寄与したのは，ロンドンの大貿易商の所得であったと思われる。キャラコ・ブームに沸いた英国では，東インド会社の収益が増加し，高配当が続き，その株価が上昇していた。1660 年からの 100 年ほどの間は，「商業革命」時代として知られるが，その会社を通して持ち込まれたキャラコ（木綿織物）が王女（あるいは女王）・貴族層から庶民にも行き渡り，毛織物（厚く汚らしい織物）から綿織物（薄く清潔な織物）へ衣服が変化し，暖を取る燃料が薪か

ら石炭に変化し，さらに復興後には，王女（女王）・貴族層から庶民にも茶の生活が普及してきた（参照，角山，1980：23-58；川北，2010：158-167）。

　英国大衆の生活が大きく変わりつつあった活気に溢れた時代に南海会社が設立され，そして南海泡沫事件が発生した。

■ 商業革命の連続として産業革命は引き起こされたのであろうか

　商業革命を経過したのちに初期の産業革命が起こっている。両者の革命には連続性があるのか，それとも不連続なのかが研究者の興味の対象になっている。筆者は，先にも言及したことと重複する面もあるが，不連続性があったと見ている。形式的であるが，商業資本（k）と産業資本（K）との違いをまず指摘しておきたい。後者の資本は，固定資本であり，属性的には機械あるいは施設／設備であるが，前者の商業資本は流動資本で貨幣形態をとり，原材料としての属性を持っている。もう一点は，地理的な違いである，商業革命はロンドンを中心に展開されるが，初期の産業革命は地方（あるいは地方都市）で起こり展開された。初期の産業革命は綿織物業に端を発しているが，その資金源は自己の貯蓄あるいは共同経営者（合名会社，合資会社形態）による資金提供であったと考えられる。その頃，毛織物業が主流であったので，輸入代替品としての綿紡績業あるいは綿織物業などのベンチャーに資金を提供する商業銀行あるいは銀行家は多くはなかったであろう。

　その綿紡績業などのベンチャー事業が成功あるいは失敗するかを金融業者が見極めるのに必要な情報が極めて少なかったのである。ベンチャー企業に資金を提供する商業銀行が少ないことは今日でも明白な事実である。また初期の産業革命を分析対象とする古典派経済学では，投資主体が貯蓄主体とされている。もしその資金を金融業者から調達できるならば，貯蓄主体と投資主体が異なることになり，貸付資金説の世界になるが，しかし，当時では，消費者は，最低生活状態にあったと考えられるから，資金余剰主体ではなかった。アークライトやワットやスティーブンソンなどが現れたころは，投資主体が貯蓄主体であるのが自然であったと考えられる。勿論，商業銀行は，為替手形の割引によって商人に融資し，その取引を活発にし，その手数料を含めた利子を獲得した。

3．資金の需要と供給ならびに株式：初期の英国銀行

■ 設立当初の英国銀行は国璽特許状で設立した商業銀行

　当時の英国銀行は既述の南海計画には反対であったが，エイスラビー蔵相などの巧みな議会／宮廷工作でその計画は議会を通過した。この銀行は，1694年7月27日に国璽特許状をもつ株式会社として設立されたが，それはイングランドとスコットランドの議会併合以前のことであった。その主な狙いは，1692年の対フランス戦争の戦費調達の国債引き受けにあった。この時点から，英国には国債制度が導入されたことになる。その銀行は，ロンドンの富裕な商人が名誉革命政府発行の国債を買い取り，国債をバックにして紙幣を発行し，商人相手に為替，振替，両替ならびに貸付業務も行っていた。その銀行は，株主のために収益を獲得し，貸し付けを行う商業銀行で，東インド会社などの株式会社への融資も行っていた。設立当初には，民間取引業者には5あるいは6％で融資し，名誉革命政府の国債を年率8％の金利で引き受け融資し，政府貸付は民間の金利よりは高めに設定された（『国富論』第2編第2章）。他方，南海会社は，年利5％でその国債を引き受けて，その政府に融資した。

　その銀行が革命政府やハノーヴァー王朝政府発行の国債を大量に引き受けたことから，その銀行の経営安定が英国国家の安定に欠かすことができなかった。金属鋳貨に代わって，交換の媒介手段として紙幣を取引業者に供給したことからも，貨幣（通貨）数量の管理ならびに決済システムの安定を維持するプルーデンシャルな操縦が，国璽特許状をもつ英国銀行にあっては必須であった。この頃の兌換紙幣紙下での金融制度では，紙幣を含む貨幣数量と国民所得の関係に配慮する通貨管理で充分であった。

■ 初期英国銀行ならびに商業銀行の融資活動とその貸出準備金（地金）

　『国富論』第2編第2章において，スミスは，スコットランド銀行が商人などの取引業者に口座を開設させて融資し，その口座を通し元利の回収を行っている事実を伝えている（この口座をキャッシュ・アカウントと呼ぶ）。この方法は，

今日，普通銀行（商業銀行）の融資の常套手段である。その銀行は，外国貿易などで為替業務を通して商人などの取引業者に資金を提供し，その利子を得ていた。しかし，為替手形の管理に躓く場合には，特に，取引業者のルーズな融通手形の発行を見過ごす場合には資金回収に困難を来し，スミスの時代のエアー銀行のように破産に追い込まれることもあった。

金鋳貨や銀鋳貨が貨幣の主流であって，紙幣は一種の約束手形で，紙幣発行には商業銀行は地金の保持が必要であった。その地金は，貸出準備金（預金準備金）で，銀行には兌換を約束した紙幣発行の信用の裏付けとされた。商業銀行は，その準備金を金庫に保蔵して紙幣（貨幣）の流通量を増やし，産業活動による貨幣需要に対応していた。商業銀行が商人などの取引業者の資金需要に応えて，その取引活動を活発にし，国民所得の増進に寄与したのであろう。

スミスは，ジョン・ローの紙幣を乱発する持論には賛成することなく，地金の準備金を越える紙幣の発行を容認するローの見解に反対した。ローの意見は，フランスの摂政には取り入れられ，また南海会社の株価高騰の原理としても活用された。フランス王国ではその戦費調達で発行された国債の引受銀行を設立し，国債とミシシッピー会社の株との交換を約束するミシシッピー計画を考案した。このローの肝いりのミシシッピー計画は，泡沫会社の株価の下落が引き金となって株価全体も急落して破綻した南海計画と同様に破綻した。

この失敗の事実は，決済システムの制御維持の大切さを示すが，今日，その制御は中央銀行の役割である。しかし，英国銀行は，その当時には，南海会社と同様に有力な商業銀行であって，まだ唯一の発券銀行（中央銀行）ではなかった。それが中央銀行となるのは19世紀半以降である。

初期の英国銀行の通貨管理は，紙幣をその準備金額（地金）を超えて発行しないことであったが，今日の管理通貨制の下では，金融当局である英国銀行には，貨幣ストックや株式など金融資産と市場利子率の関係にも注意を向け，ケインズの流動性の罠から抜け出す施策が必要である。貸付資金説による市場利子率の決定理論を攻撃し否定したケインズの処方箋は，不況期の超過貨幣ストックを政府部門の国債発行によって吸収し，その財源で財政支出を拡大し，国民所得と雇用水準を上昇させ，不況を克服してきた。

　しかし，今日においては，英国も多くの先進国と同様累積財政赤字の下で非伝統的な低金利政策に頼るのみであるが，それでも産業活動は依然低迷状態にあって，累積債務と財政赤字下での国債依存度の高さが英国の直面する政治経済の大きな課題の一つである。

■ **東インド会社の株価操作と株価上昇：初期イングランド銀行の施策の結果か**

　王政復古期の東インド会社の株式は，必ずしもケインズの（今日の）金融理論あるいは金融政策の対象ではなく，その会社の大株主の株価操作あるいは配当政策は東インド会社自身によるものであった。この会社は，1665 年に会社組織を改変し，会社員の有限責任制を確立し，近代的な株式会社に衣替えをした。1709 年の合同東インド会社の設立までの期間の間，この会社は，東インドから主にキャラコなどを輸入し，国内の需要が拡大するキャラコ・ブームの中にあった。

　その最大株主のジョサイア・チャイルドは，1680 年代に東インド会社の総裁あるいは副総裁に就き，彼と他の大株主がその会社の株式の 4 分の 1 を占め，その株価を操作した。その会社は高配当を維持し，その純資産価値を増加させた。この価値の増加は，インド現地の商館や要塞あるいは船舶の補修・改造などの諸経費が控除されていない結果であったのであるが（参照，浅田，1986：71-77）。東インド会社は，市場利子率が 5％のもとで，株主に儲かることを誇示するために配当利回りを 20 から 50％にする高配当政策を維持し，その株価を上昇させた。実際には，チャイルドたちの大株主が，デマ情報を流すなどのインサイダー取引で株価を引き下げ，そして，その後その釣り上げをし，資本利得を得るために株価上昇を招いた。その上昇は，空売りなどの信用取引の結果ではなく，また英国銀行の低金利政策の結果でもなく，その会社が仕手として株価を操作し，投機目的に資金を活用した結果であった。

参考文献

Defoe, D. (1719) *The Life and Strange Surprising Adventures of Robinson Crusoe.* （平井正穂訳『ロビンソン・クルーソー』岩波書店，1981 年）。

Keynes, J. M.（1936）*The General Theory of Employment, Interes and Money*.（塩谷九十九訳『雇傭・利子および貨幣の一般理論』東洋経済，1971 年）。

Smith, A.（1789）*An Inquiry into the Nature and Causes of the Wealth of Nations*, 5th edition.（高哲雄訳『国富論』講談社学術文庫，2020 年）。

秋田茂（2018）『イギリス帝国の歴史』中公新書。

浅田實（1989）『東インド会社―巨大商業資本の盛衰―』講談社現代新書。

荒井政治・内田星美・鳥羽欽一郎（1981）『産業革命の技術』有斐閣。

今井賢一・宇沢弘文・小宮隆太郎・根岸隆・村上泰亮（1971）『価格理論Ⅰ』岩波書店。

大塚久雄（1981）『社会科学における人間』岩波新書。

川北稔（2010）『イギリス近代史講義』講談社現代新書。

角山榮（1980）『産業革命と民衆』（生活の世界歴史 10）河出書房新社。

森嶋通夫（1984）『無資源国の経済学―新しい経済学入門』岩波書店。

―――第 12 章―――

英国における多文化共生の事例と実態
―シク教（Sikh）ディアスポラについて―

田島忠篤

　本章の目的は，英国シク教移民 2 世家族とそのディアスポラを事例として出自・出身国の宗教文化を維持するトランスナショナリズムとホスト国の社会的役割を担いながら社会的包摂を実践するトランスローカリズムの双方が多文化共生の基盤にあることを論証することにある。英国シク教徒の故郷パンジャブ地方は，1947 年に英国から独立にあたってヒンドゥー教のインドとイスラームのパキスタンに割譲された。その結果，行き場を失ったシク教徒が復興景気に沸く宗主国へ移民として定住し，シク教の集会施設であるグルドワーラーを中心にしてディアスポラを形成してきた。そして，ディアスポラやシク教徒家庭を通してトランスナショナリズムを実践しながらホスト国に同化されずにいる。その一方で，ホスト国内における社会的不平等による不満を故郷パンジャブで先鋭化した独立運動と区別して，英国の政党活動や法廷での訴訟，すなわちトランスローカルな政治活動を通して社会的地位を改善してきた。それと同時にホスト国の教育を受けて社会的役割を遂行しながら社会的包摂を実現している。ディアスポラを通してトランスナショナリズムが実現されると同時にトランスローカルな活動を通してホスト国に社会的包摂されることにより，英国シク教徒の多文化共生が実現されている。以下，著者の参与観察結果と文献資料を用いて論証してゆく。

１．多文化共生社会の基礎としてのディアスポラ，トランスナショナリズム，トランスローカリズムと社会的包摂とは

　国際都市ロンドンでは，多種多様な移民が集住地を形成している。地下鉄圏内を例に挙げれば，日系，アジア系，中華系，インド系，ギリシア・トルコ系，ユダヤ系，アフロ・カリビアン系，アラブ系などの様々なエスニック・タウンが存在し，観光名所として紹介されている（森，1998：6-15）。こうした移民の集住地域をエスニック・コミュニティと呼ぶのは，ホスト国内の日常生活を第一義として研究するからである。本章では，移民の集合体をエスニック・コミュニティではなくディアスポラとして捉える。なぜならば，ホスト国への適応，同化だけではなく出所・出自国家や他国や他地域に展開するディアスポラとの関係をも重視するからである。

　近年，ディアスポラ概念は移民研究で使用されているが，その定義は種々多様である（Esman, 2009）。由来は，紀元１世紀に神殿を破壊され各地に飛散したユダヤ民族に端を発する。ユダヤ民族は祖国を持たずにアフリカ，ヨーロッパ，ロシア，そして北アメリカと各地で迫害や適応を繰り返しながらも，出自となる宗教文化を保ちながら各地に今日にいたるまで生存している。そんなユダヤ民族をグローバル化時代の移民に転用して用いられるようになった（Kenny, 2013）。エスニック・コミュニティがホスト国の日常生活を第一義とするのに対して，ディアスポラ概念は，現住居と出所・出自国との関係並びに世界各地に飛散したディアスポラ間の関係，すなわちトランスナショナリズムを重視している。

　1990 年度以後，グローバリゼーションの進展とともに，出所・出自国文化を背負いながら移動する移民をトランスナショナリズムの視点からとらえる研究が増えてきた（バートベック，2014＝2009）。彼はそれらの研究を概観し，「トランスナショナリズムとは，移住者が自身の祖国の人々およびディアスポラのどこかの人々と社会的，文化的，経済的，政治的なつながりを維持すること」

（同上：i）と記している。エスマンがディアスポラを「一方で定住国（ホスト国）の制限や機会に適合しつつ，他方で物質的にも精神的にもホーム・カントリー（出所・出自国）への愛着を維持するトランスナショナルな移住者のコミュニティ（カッコ内日本語は著者）」（Esman, 2009 : 14）と定義したことにも符合する。

■ トランスローカリティと社会的包摂（Social Inclusion）

一　多文化共生社会へむけて

　移民が出所・出自国文化を保持するトランスナショナリズムだけでは，ホスト国での多文化共生には結びつかない。移民は，トランスナショナリズムを維持しつつも異国の現実生活を営まなければならない。その際に，重要となるのがトランスローカリズムである。聞き慣れない言葉だが，国外では 1995 年頃からトランスナショナリズム研究に付随して発表されてきた（Greiner & Sakdapol, 2013 : 373-384）。日本では 2010 年初頭から文化人類学，地域社会学，メディア論などで扱われている。文化人類学では，その事例として高度専門職の移民が出自・出所国との関係を維持したままホスト国の主流に参入しながら，居住地と出自・出所国の双方の社会変容を助長することが述べられている（石井，2013 : 116-117）。トランスナショナリズムが出自・出身国だけに着眼しがちだが，移住先の現実生活も分析対象としているところに特徴がある。

　本章では，移民の日常生活を分析するためトランスナショナリズムを補完する視点としてトランスローカリズムを用いる。そうすることによってはじめて，多文化共生社会を実現するには，トランスローカリズムによるホスト国への社会的包摂が重要であることが理解できるからである。トランスナショナルな移民が，ディアスポラを通して出自・出身国の宗教文化を維持しながらホスト国のローカルな日常生活の社会的役割を担うことが多文化共生の基礎となることがわかる。以下，シク教の概説をし，インドから英国への移民史を記し，2 次資料を加味しながら著者が体験した英国シク教移民を例に挙げて分析する。

2. シク教と英国移民について

▎シク教について

　シク教成立は 16 世紀イスラームのムガール帝国時代であり，バラモン教，ヒンドゥー教，仏教よりはるかに新しく成立した宗教である。現在のインド・パキスタン両国にまたがるパンジャブ地方でヒンドゥー教上位カーストに生まれたナーナク（Nānak, 1469-1538）によって創始された。母は敬虔なヒンドゥー教徒であり，父はイスラーム地主の会計を務めていた（シング，1994=1993：28）。遅く誕生した宗教であり，ヒンドゥー教のバクティ思想，イスラームのスーフィズム，そして大乗仏教の影響を受けた宗教である（保坂，1992）。シク教の特徴は，シングによると「唯一なる絶対的な真理の崇拝」，「労働の尊厳」，「すべての人々の平等」，「奉仕」（セーワー）と「シク共同体」の五つがある（シング，1994=1993：15-21）。教義については，初代グル・ナーナクからその後継者 10 代によって説かれた教説や賛歌は『グル・グラント・サーヒブ』として編纂され，聖典となっている。そして，10 代グルの宣言により，それ以後は聖典がグルの役割を務めるため後継者は存在しない。

　シク教の特徴について補足すると，イスラーム的唯一絶対人格神ではなく抽象的な「唯一なる絶対的真理」という「名前も形もない」神聖なるものが教義の中心となっている。当然，輪廻転生や業に関するダルマ（法）も含まれており（シング，1994=1993：87），「正直な労働」が「より良い来世を得るための宗教的福徳」への救済手段として勤労を尊重している。そして，その絶対的真理なるものは全ての人間にも内在するものと（シング，1994=1993：92-93）考えられ，ヒンドゥー教のカースト制，イスラーム的男尊女卑，すなわち出自，職業や性差による優劣や差別を否定し，万人平等を説いている。また，アルコール類，麻薬などの薬物使用を禁止している。さらに，これらの信仰や教えを順守するシク教共同体へのセーワー（奉仕）を重んじている。その実践として，グルドワーラーでは，集会後にランガル（共同集団施食）と呼ばれる無料の食事が提供される（シング，1994=1993：113）。そして，ランガルの準備から配膳，

後片付けまで男女ともどもシク教への大切な奉仕，セーワー（チャンバーズ，1999：20-22），信仰実践と見なされる（シング，1994=1993：113）。そのため世界各地で出会うシク教徒同志は家族と見なされ，世界中どこでも歓待される（シング，1994=1993：15-21，113-114）。ランガルは，世界中で移住先にシク・ディアスポラが形成される要因となっている。

　シク教の重要な宗教儀式は，ボーグ（喜びを意味する）儀式と呼ばれている。グルドワーラー以外でも何処でも信者であれば誰でも指揮することができる。聖典の賛歌を唱え，礼拝する。そして，礼拝の後に聖典の傍に用意された聖餐に用いるカラー・パルシャード（バター，小麦粉，砂糖を熱して練ったもの）を礼拝して，係から両手で恭しく頂き，その場で口に含む。カトリックのように受洗者でなくても，参加者は誰でも授かることができる。そして，この儀式の後にランガルが行われる。聖餐同様に信者以外でも参加者は無料で食事が振舞われる（シング，1994=1993：120-123）。

■ シク教の歴史

　シク教の歴史的展開は，16世紀イスラーム王国時代という成立時期と北部インドのパンジャブ地方という成立場所に影響をうけている。インドのイスラーム王国時代に成立したためシク教はイスラーム思想の影響を受けつつも，シク教徒は統治者から改宗を強要された。とくに，シク教が教勢を拡大するにつれて統治側の脅威となり，5代グル，アルジャンは1606年に拷問死した。これを契機にシク教の武装化が始まったが，それでも第9代グル，テーグバハドゥールはイスラームに抵抗したため1675年斬首された。そのため急遽息子のゴービンド・シングが10代グルに就任した。彼は1699年，信仰を護るため命を惜しまないカールサー党（「純粋な」の意味）と呼ばれる教団内組織を立ち上げた。武装した男性集団であり，その象徴としてケーシャ（伸ばした髪と髭），カンガー（櫛），カラー（鉄製の腕輪），カチャー（白いズボン下），キルバーン（小刀）と5Kを身につけている。そして，男性にはシン（獅子），女性にはコウル（王女）の名を入れることとした（シング，1994=1993：61-68）。これらの5Kがシク教男性の好戦的なイメージを形成する要素となったことは，シク教徒のプロ

レスラー，タイガー・ジェット・シンを見ても明らかである。

　信仰で強く結ばれたシク共同体とそれを防備するカールサー党によりムガール帝国やアフガン諸部族勢力と対抗しながら，19世紀前半にはシク王国が建国されて繁栄した。しかし，18世紀中葉からインド亜大陸が次々と英国東インド会社によって植民地化され，シク王国は2度にわたる大英帝国との戦争（第1回1845〜46年，第2回1848〜49年）に敗北し，インド亜大陸最後の独立王国の幕を閉じた。これにより英国のインド亜大陸全体の統治が完遂した。

■ シク教の英国移民について

　第二次世界大戦前，英国軍には敗北したが，その戦闘ぶりが買われて，「勇猛種族」（Martial Race）に指定された。その結果，インド全人口の2%しか存在しないシク教徒がインド植民地軍の12%を占めるまでに至った。そして，隊員として従軍し，世界各地に広がった（長谷，2000：151）。その結果，ケニア，タンザニア，マレーシア，香港，カナダなどに拡がり，「大英帝国内移民」となった。さらに，東アフリカでは大英帝国の植民地経営に協力し，現地の近代化に貢献すると同時に，自身の経済的，社会的地位および教育水準が向上して西洋的価値観に基づいた日常生活を身に着けた。これが戦後の先進国への移民を容易にした（藍沢，2001：29）。

　第二次世界大戦後，1947年マハトマ・ガンジー指導の下，英国植民地からインド全体の独立を計ったが，結局は，ヒンドゥー教徒のインドとイスラームのパキスタンに分離独立した。そこでは，シク教独自の国家建設が無視されたまま，シク教徒が大半を占めるパンジャブ地方がインドとパキスタンとに割譲された。その結果，ナーナク誕生地タルンワルディはパキスタン側に編入され，本山寺院のゴールデン・テンプルはインド領となった。パキスタン領となった地域のシク教徒は自営農カースト層であったため農地を奪われて難民となり，インド側に移住させられた。こうした国内のプッシュ要因に加えて，英国では戦後復興により国内ばかりか欧州からの労働者を取り入れても労働力が不足しており，これがプル要因となって，シク教男性が単身で英国に移民した。これらの移民は，英国では鋳物業，繊維工業，非熟練工場労働者やバス・

地下鉄の運転手や車掌に従事した（古賀・中村：2000）。その中心地となったのが後述するサウソールであり，「リトル・パンジャブ」と呼ばれるようになった。

　インド独立後，母国と呼応してカリスタン（パンジャブ独立）運動が北米など海外シク教ディアスポラでも展開していた。1970 年ロンドンでも母国から来た医師とともに第一回カリスタン協議会の会合がもたれた。母国と共同して独立運動をしていたが本国での独立運動は先鋭化し，その結果，1984 年 6 月には，インデラ・ガンジー首相が指示しシク教総本山のゴールデン・テンプルに軍隊が入り，過激派への攻撃とともに寺院も破壊された。また，その報復として同年 10 月，首相暗殺が実行され，益々先鋭化していった。

　この先鋭化したカリスタン運動は，英国のディアスポラ，サウソールにも波及して，劣悪な労働条件改善運動と重なり英国でも過激派が台頭した。しかし，大半は本国のカリスタン運動とは距離を置き，労働条件改善や差別の撤廃について，ヒンドゥー教徒やイスラームを含むインド移民として労働党に所属して政治活動や法廷闘争など現地の社会制度に沿ったトランスローカルな政治活動をしてきた（藍沢，2003：1-8）。

　第二次世界大戦後から 1960 年代にかけて大英帝国の旧植民地が独立すると，現地人優先政策や移民排斥運動により，大英帝国内移民だったシク教徒を含むインド人は，英国をはじめとする先進国への「再移住」／「二次移民」（Twice Migration）を余儀なくされた。先述したように旧植民地に定住していたインド人は比較的に経済的，社会的地位があり，教育水準も高く西洋的価値に基づく日常生活をおくっていたため，英国，米国，カナダへの移民を容易にさせた（藍沢，2001：29）。また，この中には，シク教徒の退役軍人も含まれていた（古賀・中村，2000：151）。その後も旧大英帝国内諸国の政治事情によりガイアナ，フィジー，香港等から英国への再移住が起きている（南埜・澤，2017：2）。

　1973 年のオイルショック以後のインド人移民は，オイル・ダラーによる建設ラッシュに沸く湾岸諸国への出稼ぎが増えた。しかし，1990 年代以後のインド移民は，従来の非熟練職に代わり，先進国へ高学歴エリート層，高度専門家の移民が顕著にみられるようになった。彼ら，彼女らはトランスナショナル

移住者として母国との関係を維持しながら米国，カナダ，フランス，イタリア，日本などのIT産業や医療関連，雇われ会社経営者として現地の主流に入り込み，さらには母国への投資，起業などインドの経済発展の一翼を担っている（Kuznetsov, 2006：73-88）。この事例はまさに前節で説明したトランスナショナル移住者のトランスローカリティを示している。以下，筆者がロンドン滞在中に訪問したロンドンおよびレスターのシク教ディアスポラについて記述する。

3. 英国シク教移民の現状について

■ ロンドンのシク教ディアスポラ ― リトル・パンジャブの形成

　サウソールは，先述のロンドン市内のエスニック・コミュニティ紹介にも掲載されている英国最大のインド人街である。ロンドンのパディントン駅からヒースロー国際空港に向かう鉄道を利用すれば15分で着くが，地下鉄の最寄り駅からはバスと電車を乗り継ぐ必要があり，小一時間かかる。なぜ，ここがリトル・パンジャブと言われるようになったか，2次資料と合わせて，1999年に筆者が留学中に参加したシク教のバイサキおよびカールサー党結成300周年記念への参加体験を基に説明したい。

　サウソールでは，1960年代中頃から宗教施設やエスニック・コミュニティが建設され，エスニック・ビジネスが展開した（長谷，2000：164）。1964年6月にグルドワーラーが建立されたが，本格的な定住化が始まったのは1970年代初頭である。出稼ぎから10年後位にパンジャブ地方に残した家族を呼び寄せて定住化が促進した（長谷，2000：157）。家族呼び寄せ以前には，送金を稼ぐために英国人雇用者に合わせて男性シク教徒特有の長髪・髭とターバンをしないで働いていた（長谷，2000：157）。しかし，家族を呼び寄せてからは，移民ばかりの女性だけではなく，故郷にも生活実態が知れわたるようになり，母国の親類からもターバンや髭について宗教義務の不履行を非難されるようになった。また，家族で生活することによって，シク教関連祭祀も忠実に移民先でも再現されるようになった。そのためにシク教の宗教的規範が再生されるように

なり，ターバン着用のまま仕事ができる訴訟などもこの頃から始まった。また，二世への宗教教育や母国語教育も家庭やグルドワーラーで強化され（長谷，2000：165），今日に至っている。

■ バイサキ結成 300 周年記念

　1999 年 1 月ロンドン・サウソールでバイサキおよびカールサー党結成 300周年記念が開催された時の参与観察について記す。バイサキとはパンジャブ歴の正月祝いだが，この年は先述したカールサー党創立 300 周年と重なり盛大な祭典となった（Singh, 1999）。祭典の場所となる鉄道サウソール駅に着くと，プラットフォーム駅名表示は，英語の下に母国語で駅名が表記されていた。街それ自体，商店街の外観も英語表記が多く，ロンドン郊外の街並みとほとんど変わらない。Glassy Junction というヴィクトリア朝建物の壁には，民族衣装をまとったシク教徒の全身を象った看板が目に付くだけである。看板の英語にはIndia，Punjab の文字が見え，その中に，リトル・インディアと記された大きな旗がビルの 4，5 階から垂らされていた。注意深く商店街のショーウィンドを見ると，故ダイアナ妃のポートレートの前にナーナクの肖像画が飾られている店が多くあることに気が付いた。ショーウィンドの民族衣装や商品を見ないとインド人街と分からない程に英国の街並みを保っていた。

　300 周年記念を祝い各商店街の柱には，シク教シンボルマークが印刷されたオレンジ色の旗が飾られていた。鉄道駅から会場までは，ターバンと髭の成人男性，団子状の髪を覆う布を頭に身につけた男の子，頭を覆うベールと民族衣装を身につけた成人女性と女の子が会場に向けて列をなして歩いていた。また，オレンジ色の旗を箱乗りしながら振り回す若者がクラクションを鳴らしながら走行していた。AS 氏から神聖な場所であるグルドワーラーに行くため，信者ではない著者にも髪の毛を布で覆うように指示され，用意したバンダナを身につけた。道路ですれちがうシク教徒以外のインド系住民は頭に被り物は身につけていなかった。

　メイン会場は，郊外の広大な駐車場付きのホームセンターを利用したグルドワーラー Sri Singh Sabha が祭典会場で，正面入口には大きなシク教のシンボ

ルが描かれ，黄色や青色の無地の旗が立っていた。最低限の装飾がされた会場
内は，シク教徒であふれていた。偶像崇拝を禁止しているために神像の類は一
切なく，正面に天蓋で覆われた祭壇があり，そこに黄色い布で被われた聖典が
安置され，正装した男性が聖なるものを崇めるためにチョウリー（白毛の付い
た酒）を振り動かしていた（チャンバーズ，1999：18）。それを三方から無秩序に
人々が礼拝するだけの儀礼であった。最初にカールサー党を起こした5名を象
徴する剥き身の五本の剣と鞘が黄色い布の上に安置されており，それらに敬意
を表してみているだけだった。とくに，イスラームやカトリックのミサのよう
に全員が同時期に同様の礼拝をする儀式とは異なっていた。

　読経する人と民族楽器の手回しオルガンを演奏する人と太鼓を演奏する人
は，AS氏によると，わざわざ故郷パンジャブ地方から招聘した宗教者である
が，しかし，彼らは指導者ではなく，説教もしない，とAS氏から説明を受け
た。会場内は出入りは自由で一回りした後に退出したが，日本の朝の通勤列車
のホームのようであった。会場外では，最初のカールサー党5名の様相をした
戦士が行進していた。

　市内を散策し，インド系店員が働く店を覗いたら「ギー」（インドのバター）
が売っていた。また，他と変わらない造りのパブに入ったら，店内に唯一掲げ
られている絵にはマハラジャの優雅な宴が描かれていた。シク教では先述のよ
うに酒が禁止とされているが，AS氏は度を過ぎなければ飲酒はいいと言って
いた。それを裏付けるかのように帰国記念にプレゼントされたのは真鍮の装飾
された酒瓶覆いであった。家に置き客が来た時に酒を大っぴらにしないため，
と言い訳しながら手渡してくれた。形式的な信仰を否定するナーナクの信仰が
実践されている思いがした。

■ 東ロンドン地区 Dashmesh Darbar グルドワーラーと AS 従妹 R の 18 歳誕生会

　1999年2月日曜日，AS従妹Rの18歳誕生日を祝うパーティーに招かれた。
最寄りの地下鉄駅で待ち合わせ，そこから車で上記のグルドワーラーを訪れ
た。その宗教施設は英国でフラットと呼ばれる伝統的二階住宅（日本でいうテ
ラスハウス）街の中にあり，住宅とその隣接する集会所を改造したものであっ

た。入り口の黄色い幟に描かれたシク教象徴とグルドワーラーの英語表記を見
なければ，宗教施設とは分からなかった。

　バンダナを被り，入り口で靴を脱ぎ，グルドワーラーに入ったら，既にレス
ターからRの叔母であるASの母と祖母らが座った周りに一族が集まり談笑し
ていた。読経が始まり，私も天蓋の前で礼拝した後に，脇にいる男性から生暖
かいカラー・パルシャードを手渡され，食べるように催促された。Rに対して
は18歳の特別な儀礼もなく，ただ，聖典の収められた天蓋を訪れ，読経者か
ら何かを言われただけで，私と同じようにカラー・パルシャードを受け取り，
口に運んでいた。その後，一族が集まり，会場で記念写真を撮っただけだっ
た。

　その後，ランガルのため食堂に移動した。そこで民族料理と茶菓が振舞わ
れ，参加者が一堂に座って食べた。シク教徒でもない私にも食事が振舞われた
が，参拝者が信者でなくても振舞われるそうだ。男女とも前日から下ごしらえ
をして，当日，女性は厨房で調理をし，長テーブル前に男性が一列に並んでカ
フェテリアのように銘々のプレートに料理を盛り付けてくれた。多くの家族連
れ，女性と子どもがホールで食事していた。「シク教について」で記したラン
ガルとセーワーの信仰実践を目の当たりにした。

　食後にASがグルドワーラー内部を案内して説明をしてくれた。ミーティン
グルームに行く廊下の壁面には，迫害にあった二人のグルの絵が飾られてい
た。行事の案内掲示に続き，インデラ・ガンディー首相の命令で軍隊が破壊し
たシク教総本山ゴールデン・テンプルのモノクロ写真とともに，人造池に浮か
ぶ修復され黄金に輝く寺院のカラー写真が飾ってあった。誕生日ケーキの上に
大きく×印の付いたポスターを指し，個人の誕生会のような私的集会にはグル
ドワーラーが使用できないことを述べ，誕生パーティー会場となるRの自宅
に車で連れて行ってくれた。

■Rの18歳ホームパーティ

　Rの自宅はフラットの一区画である。インテリアの中でインドを感じさせた
のは，リビングルームの壁につるされた初代グル・ナーナクと10代グル・

ゴービンドの肖像画だけであった。誕生パーティーの準備はできており，児童
4〜5名を含む親戚が20から25名ほど集まっていた，私と妻以外は全員イン
ド系シク教徒であった。ほとんどのメンバーは先ほど祖母の周りに集まってい
た人たちである。ダイニングルームにはバースデーケーキが用意されており，
最年長者であるRの祖母からワンバイトが始められ，年功序列で次から次へ
と親戚の差し出すケーキに口をつけていた。その後，立食と続き，パーティー
後半，女性たちが集まって民族音楽をかけて別室で踊っていた。その途中で抜
けたが，私の前にも子供連れの家族が帰宅していた。ケーキのお祝いは現地風
習に溶け込んでいるが，女性だけ集まり民族衣装を着て民族舞踊に熱中すると
ころは出自国の文化そのものを見る思いがした。

■ AS の叔母さん宅泊 ─ 東ロンドン

　2010年8月東ロンドンに住むAS叔母宅に3泊滞在した。息子二人は2007
年にASの母と共に北海道旅行に来て拙宅に泊まったので息子達とは知古で
あった。彼らの両親とは上記Rの誕生会ですでに会っていたが，筆者の記憶
になかった。家族全員がインド系シク教徒であった。R宅同様のフラットだが，
3階屋根裏部屋を足し増してあった。一階はエントランスルーム，リビング
ルーム，ダイニング・キッチン，ランドリー，バス，トイレ，2階が寝室2つ，
三階の屋根裏部屋2つで，道路に面した玄関の反対側には20から30坪くらい
の細長い庭があり，そこは両隣のフラットと板塀で仕切られており，物干し場
も兼ねていた。家に居る時の男性は，息子二人は髪の毛を束ねて頭の上に団子
状にして布を被せるか，海賊被りで布を被っていた。しかし，父親は滞在中全
てターバンを巻いていた。母親は常に民族衣装を身につけていたが，家の中で
はベールはつけていなかった。

　R宅同様にエクステリアからインド人住宅と判別できない。しかし，インテ
リアの調度品をみるとインド系であることが分かる。とくに，AS同様に，シ
ク教の家庭祭壇のようなものはないようだ。聖典を取り扱うためには，専用の
部屋を設けなければならず，通常はブックサイズの経典を手元の書棚の一番高
いところに布に包みしまっておくようだ（チャンバーズ，1999：18）。

滞在中は朝食と夕食だけ食事をともにした。朝食はチャイとトースト，バターとジャムであり，夕食は，チャパティを専用のフライパンで調理し，2－3種類のカレーが盛られた皿から各自が銘々のプレートに適量のせて，チャパティをちぎって付けて食べていた。ナイフとフォークは用意されていたが，液体状スープや肉塊がないせいか私以外はほとんど使用していなかった。菜食に近い料理であった。

　食後，近くの商店で購入したというピスタチオの粉を利用した乳製品の甘い茶菓と，パイ生地にクリームが詰められたお菓子が盛られた皿が出て，それらを銘々皿にとり，チャイをすすりながら談笑した。一番はじめに紹介した乳製品の茶菓が美味しく，沢山食べていたら帰国日に，家族のお土産にとインド風銀製装身具と絹のインド製スカーフとともにプレゼントされた。

　居，食，住に関して，R宅同様，英国風住宅の趣を維持しているが，残る衣食に関しては，シク教の伝統を維持していることがうかがわれた。

■ 地方都市レスターのシク教ディアスポラ

　レスターはイングランド北部でロンドンからリーズに向かう途中に位置するレスタシャーの中心都市である。2018年の英国国勢調査によると人口35.5万で，英国全体の都市部で13番目の人口規模である。2001年の国勢調査を基に多民族共生を研究している佐藤（2014：80）によると，ホワイト系人口が63.9％，南アジア系29.9％，ブラック系3.1％を占めており，英国全体の人口構成比のホワイト系92.1％，南アジア系4.0％，ブラック系2.0％に比べるとその多民族性が表れている。さらに，宗教別でみると，レスターではキリスト教44.7％，ヒンドゥー教14.7％，イスラーム11.0％，シク教4.2％であり，英国全体の別比率はキリスト教71.6％，ヒンドゥー教10.0％，イスラーム2.7％，シク教0.6％であり，いかに他民族，多宗教が混在しているかが分かる。佐藤（2005：85-127）は，その現状を捉え，「多民族都市」として位置づけ，サウソールと比べてシク教が多民族の中でマイノリティであることを指摘している。

　佐藤（2005：85-127）は，レスターへの南アジア系移民の定住過程を分析し，男性単身出稼ぎに比べて，1960年代から70年代の東アフリカ諸国の独立によ

る家族ぐるみの再移民／再移住（Twice Migration）が多く，これらの移民がヒンドゥー・コミュニティ形成を培ったと分析している。そして，これらのヒンドゥー教徒がメルトン・ロードを中心に定住してディワリ（ヒンドゥー歴正月，光の祭り）を実施していた。そこにジャイナ教徒やシク教徒も参加して，母国以外では最大規模の祭りとなり，英国人観光客を引き付けるまでになった，と記している。ロンドンのサウソールはパンジャブ地方出身シク教徒が中心であったのが，こちらではヒンドゥー教徒がエスニック・グループの主導権を握っていると分析している。

　この多民族都市レスターで AS は他の英国住民と同じ公立学校に通い義務教育を受けて，進学のためにロンドンに国内移住し，筆者と出会うことになる。AS レスター宅には 3 度訪れた。1998 年 5 月から 1999 年 12 月まで，留学中に二度訪れ，三度目は大学教員になってからである。一度目の時は 1998 年 8 月筆者と妻で，二度目は 1999 年夏休み中に妻とアジア人寮生と日本人留学生と，最後の訪問は筆者が大学教員となってからである。第一回目に筆者夫婦が訪れた時は，レスターに着くなり，シネマ・コンプレックスに連れていかれ，一緒に映画を観て，その後彼の家で AS 母の手作りのインド料理をご馳走になった。彼の実家は，R や AS 叔母宅と同様，外見からではインド人家族の家屋とは判別がつかない。室内の装飾や写真立て，置物を通してインドを感じる程度であった。家族は全員インド系シク教徒である。

　夕食はダイニングで，テーブルの上にはゴージャスな西洋式食器にナイフとフォーク，ナプキンも用意されていた。母親から料理の説明を受けながら運ばれてくる料理を食べた。パパール（臼焼きせんべいのような）と数種のスパイスを盛った前菜から始まり，ミルク粥，ピクルス類も含めて乳製品デザート以外は全て手作りであった。食後は，こちらも近所のインド菓子屋から購入したという茶菓とチャイであった。ここでも食肉が出てくることもなかったし，魚介類もなかった。その後鉄道駅に送ってもらいロンドン市内の寮に帰った。乗り換えも含めて 90 分くらいであった。

　二度目は，妻と日本人女性留学生 1 名，中国人女性留学生 1 名とともにレスター宅に招待され，夕食をご馳走になった。前回と同じく AS の母はロンドン

の姉妹同様に民族衣装を着て，前回と同じようにインド手料理を振舞ってもらった。

　三度目は，著者単身で 2005 年，AS 結婚 4 年目の時に立ち寄ったが，断り切れずに急遽一泊した。AS の配偶者はインド系シク教徒であり，結婚後は英国の習慣同様に新居制をとった改装中の家であった。レスターにはグルドワーラーが 6 つ（佐藤，2006：47）あるが，そのうちの一つに案内された。繁華街の真ん中にあり，同じ道路沿いにはイスラーム施設があった。4 階建ての一つのビル全体が寺院で東ロンドンよりも 10 倍位の規模である。正面玄関入り口で靴を脱いで入るとシャンデリアで飾られたエントランスホールがあり，奥は，聖典を安置する天蓋つき祭壇のある大ホールがあった。他のグルドワーラー同様，バンダナを頭に巻いて靴を脱いで入った。土曜日夕方近くであったので，ホールでは男性が野菜を刻んでいた。日曜集会のランガルのために自主的に集まってセーワー（奉仕）にくる，と説明していた。AS は顔見知りが多く，出会う人ごとに挨拶を交わし，一言二言会話をして聴かせていた。上層階の部屋では大人が子どもたちに教典を抑揚つけてパンジャブ語で朗読して聴かせていた。また，別の部屋では，子どもたちが音楽を聴きながら勝手に民族楽器を叩いたり，鳴らしたりしていた。夕食は近くのインド・レストランで摂って帰り，翌朝駅まで送ってもらった。

4．多文化共生の基礎として─ディアスポラおよびトランスナショナリズムとトランスローカリズム

　第二次世界大戦から 2 年後にインドおよびパキスタン両国が分離独立し，それによりシク教の故郷パンジャブ地方が両国に割譲された。その結果，難民となったシク教徒が，復興に沸く宗主国英国に国際移住した。当初は出稼ぎ目的だったものから家族を呼び寄せて定住化が進展する中，ロンドンを皮切りに地方都市レスターにもシク教ディアスポラがグルドワーラーを中心に誕生した。そのレスターにおけるシク教移民の二世である AR とロンドン在住の親族 R，AR 叔母宅の 2 家族とレスター AS 1 家族の生活およびロンドン 2 カ所とレス

ター 1 カ所のグルドワーラーの参与観察を記述してきた。

　トランスナショナリズムの観点から見れば，歴史的に 1960 年代から母国カリスタン（パンジャビ独立）運動の影響を受けてロンドンでも組織化され，シク教徒の政治的トランスナショナリズムが観察された。しかし，ホスト国での差別や劣悪な労働環境への不満の矛先は先鋭化したカリスタン独立運動に向かわず，インド移民としてホスト国の政党活動や法的訴訟とホスト国の政治や法律へとトランスローカリズムに変更した。この政治的トランスローカリズムは，ホスト国内の多民族共生に向けて大きな影響を与えたと考えられる。

　その一方で，宗教文化レベルに視点を転じると，バイサキ 300 周年記念行事，ロンドンとレスターにおけるグルドワーラーでのボーグ儀礼はほぼ全て同じであり，母国の演奏者や朗読者を招くなど宗教者の人的交流ばかりではなく，セーワーとランガル，男性のターバン・髭など，出自・出身の国宗教文化を継承し，シク教のトランスナショナリズムが観察された。

　グルドワーラーは，出自国の信仰・宗教文化を社会化する場所であるとともに，自らのアイデンティティを強化，確認するところでもある。シク教アイデンティティの再生産，強化されるグルドワーラーは，まさにトランスナショナリズムを体現したディアスポラである。シク教徒が何処に国内移住，国際移住しても安心感が得らえる。

　個人および家族レベルでは，ターバンや髭といった宗教的象徴は固辞するが，それ以外の日常生活の衣食住ではホスト国に適合している。家族内でも男性は髪を覆っているが，食事はハレのケーキや日常での民族食やパン食のミックスなど，トランスナショナリズムもトランスローカリズムも生活の様々な場面に現れて，使い分けられている。

　その一方で，出自・出身国の宗教文化を維持しながらも AS や AR 叔母の二人の息子のように公立校で初等，中等で学び，大学進学するなどローカル教育を受けており，英国公教育へのトランスローカリズム実践も見られた。そして，公務員やシク教以外の地元企業への就職などホスト国の社会的役割を果たしながら社会的包摂が実現されている。

　移民がホスト国内で多文化共生社会を作るときに，シク教移民のように出自

文化を本国と連携して維持しながら，一方では，ホスト国の政治や法律を自ら利用して権利を主張することが大切であることを示している。このトランスローカリズムの実践は，ホスト社会の社会的役割を主体的に担うことであり，社会的包摂の実践なのである。本章の目的に記した通り，多文化共生社会の実現に向けて社会的包摂を推進するには，移民にとってトランスナショナリズムを維持するディアスポラとトランスローカリズムを活かした社会的包摂が必須なのである。出稼ぎ外国人労働者の定住化が進む日本社会で，トランスナショナリズムとトランスローカリズムの双方を顧慮することが，社会的包摂につながることを銘記すべきであろう。

参考文献

Esman, Milton J. (2009) *Diaspora in the Contemporary World*, Polity Press Cambridge U.K. / MA. U.S.A.

Greiner & Sakdapol (2013) 'Translocality: Concepts, Applications and Emerging Perspectives', *Geography Compass*, Vol.7, Issue5：373-384.

Kenny, Kevin (2013) *Diaspora: A Very Short Introduction*, Oxford University Press.

Kuznetsov, Yevgeny (2007) *Diaspora Networks and the International Migration Skills: How Countries Can Draw on Their Talent Abroad*, The World Bank, Washington, DC.

Singh, Mohinder (1999) *VAISAKHI: Tri-Century Celebrations Special, Revolution of the Khalsa*, Booklet Published by The Sikh Missionary Society U.K. Southall.

藍沢光晴 (2003)「イギリスにおけるカリスタン運動　the Khalistan Movement の展開」『経済学論集』Vol.42, No.3・4, 龍谷大学：1-8。

───── (2001)「シク教徒を中心とする南アジア系移民の歴史的展開─国民国家の形成と移民」『経済学論集』Vol.41, No.2, 龍谷大学：17-39。

石井由香 (2013)「高度専門家の移住とローカリティの変容（トランス・ローカリティ）」，吉原和男編集代表『人の移動事典─日本からアジアへ・アジアから日本へ』丸善出版：116-17。

古賀正則・中村平治 (2000)「総論─国際的な移民の動向とインド系移民」，古賀正則・内藤雅雄・浜口恒夫編『移民から市民へ─世界のインド系コミュニティ』東京大学出版会：1-23。

佐藤清隆（2014）「多民族都市レスターのアフリカン・カリビアンたち」『明治大学人文科学研究所紀要』，74：73-110。

───（2005）「多民族都市レスターの歴史と文化─シク教徒の世界─」『明治大学人文科学研究所紀要』，57：85-127。

シング，N-G. コウル著（高橋堯英訳）（1994＝1993）『シク教─シリーズ世界の宗教』青土社。

チャンバーズ，C. 著（濱田英作訳）（1999）『シク教─国際理解に役立つよくわかる世界の宗教』岩崎書店。

南埜・澤（2017）「インド系移民の現状と動向─インド政府統計による考察」『兵庫地理』，62：1-18。

長谷安朗（2000）「第Ⅱ部第2章　イギリスの『リトル・パンジャーブ』─サウソール」古賀・内藤・浜口編（2000），前掲書：149-68。

バートベック，スティーブン著（水上徹男他共訳）（2014=2009）『トランスナショナリズム─Transnationalism』日本評論社。

保坂俊司（1992）『シク教の教えと文化─大乗仏教の興亡との比較』平河出版。

森昌利（1998）「半径10マイルの世界一周旅行─ロンドンで出会う世界の人，世界の街」『夢の旅』ブリティッシュエアウエイズ機内誌日本語版　春／夏号。

あとがき

　本書は，平岡祥孝先生が私立大学の教員人生に一区切りをつけ，長年ご厚誼いただいた先生方から賜った，自らの研究領域である「英国」を舞台とした研究論文集です。また，自らも執筆されています。

　編集事務局を担当させていただき，個性豊かな英国研究に触れる機会を得ることができました。平岡先生は専門分野として大学，大学院とも一貫して，英国の農業経済分野の「牛乳・乳製品の生産・流通・消費」を研究テーマとされてきました。英国を語る際には，様々な分野で名を馳せた有名人に事欠きません。平岡先生はコナン・ドイル原作の『シャーロック・ホームズ』シリーズをすべて読破されています。その理由の一つには，時代背景にミルクティーを飲む生活習慣が確認でき，ロンドンの光と影を見ることができると考察しています。英国人の牛乳消費を人物や歴史背景から読み解いていた訳です。ここに，平岡先生の独創的な着眼点や観察力があると，私は推察致します。

　本書を作成するにあたって，2020年12月から編集会議を始動させ，著者，編著者とともに執筆依頼者との連絡や確認を通して，打ち合わせを幾度か繰り返し，編集作業を進めて参りました。思い起こすと，新型コロナウイルス感染拡大と並行して，現在に至っています。世界中を巻き込むパンデミックは衰えを知らず，いまだに猛威を振るい続けています。また，「東京オリンピック2020」が編集作業の真っただ中ということも大切な記憶となりました。

　本書を上梓するまでに，国内外にわたり多くの先生方にお世話になりました。2022年3月で大学の教員生活に一区切りをつけられ，同年4月からセカンドキャリアとして，私立高等学校に奉職されている平岡先生と，還暦記念論文集『「それでも大学が必要」と言われるために』でも編集でご尽力された宮地晃輔先生，南島和久先生の本づくりへの真摯な取り組み，そして各著者の研究への熱意にあらためて謝意を表したいと思います。

2022年10月吉日

　　　　編集事務局　一般社団法人未来教育サポート代表理事　棚橋伸男

《編著者紹介》

平岡祥孝（ひらおか・よしゆき）

- 1983 年 3 月　北海道大学農学部農業経済学科卒業
- 1985 年 3 月　北海道大学大学院農学研究科修士課程農業経済学専攻修了　九州大学博士（農学）
　　　　　　　静修短期大学（現 札幌国際大学短期大学部），北海道武蔵女子短期大学を経て，
- 2009 年 4 月　札幌大谷大学短期大学部教授
- 2012 年 4 月　札幌大谷大学社会学部教授
- 2022 年 4 月　稚内大谷高等学校校長　現在に至る

主要著書

『英国ミルク・マーケティング・ボード研究』大明堂，2000年。

『北海道再建への戦略―豊かな「ストック社会」に向けて』（共編著）北海道新聞社，2007年。

『リーダーが優秀なら組織も悪くない』PHP研究所，2021年。

宮地晃輔（みやぢ・こうすけ）

- 2002 年 3 月　九州芸術工科大学（現 九州大学）大学院芸術工学研究科博士後期課程生活環境専
　　　　　　　攻（環境システム分野）修了，博士（芸術工学）
　　　　　　　国立富山商船高等専門学校国際流通学科専任講師・助教授，中村学園大学短期大
　　　　　　　学部家政経済科助教授，長崎県立大学経済学部准教授・教授を経て，
- 2016 年 4 月　長崎県立大学経営学部教授　現在に至る
- 2020 年 4 月　長崎県立大学大学院地域創生研究科地域創生専攻修士課程ビジネス・マネジメン
　　　　　　　トコース長　現在に至る
- 2022 年 4 月　長崎県立大学大学院地域創生研究科地域創生専攻博士後期課程地域社会マネジメ
　　　　　　　ント分野長（佐世保校）　現在に至る

主要著書

『日本企業の環境会計―信頼性の確立に向けて―』（単著）創成社，2003 年。

『日本企業の環境会計―信頼性の確立に向けて―【増補版】』（単著）創成社，2005 年。

「第 3 章　標準原価管理」『管理会計入門ゼミナール［改訂版］』（共著）創成社，2012 年。

南島和久（なじま・かずひさ）

- 2006 年 3 月　法政大学大学院社会科学研究科政治学専攻博士後期課程修了，博士（政治学）
　　　　　　　岩手県立大学総合政策学部助手，長崎県立大学経済学部講師，神戸学院大学法学
　　　　　　　部准教授，新潟大学法学部教授を経て，
- 2021 年 9 月　龍谷大学政策学部教授　現在に至る

主要著書

『ホーンブック基礎行政学』（共著）北樹出版，2015年。

『公共政策学』（共著）ミネルヴァ書房，2018年。

『政策評価の行政学―制度運用の理論と分析―』（単著）晃洋書房，2020年。

（検印省略）

2022 年 10 月 20 日　初版発行　　　　　　　　　　　　略称―英国

英国の諸相
―イギリスの政治・経済・社会―

	平 岡 祥 孝
編 著 者	宮 地 晃 輔
	南 島 和 久
編集協力	棚 橋 伸 男
発 行 者	塚 田 尚 寛

発行所　東京都文京区　　株式会社　創 成 社
　　　　春日 2 - 13 - 1

電　話 03（3868）3867　　Ｆ Ａ Ｘ 03（5802）6802
出版部 03（3868）3857　　Ｆ Ａ Ｘ 03（5802）6801
http://www.books-sosei.com　　振　替 00150-9-191261

定価はカバーに表示してあります。

©2022 Yoshiyuki Hiraoka　　　組版：スリーエス　印刷・製本：
ISBN978-4-7944-7083-6　C3031
Printed in Japan　　　　　　　落丁・乱丁本はお取り替えいたします。